Salvador A. Carrión

LA EVOLUCIÓN CONSCIENTE

IDENTIDAD Y ESPIRITUALIDAD

PNLbooks & Vía Directa Editores

Salvador A. Carrión

LA EVOLUCIÓN CONSCIENTE

IDENTIDAD Y ESPIRITUALIDAD

Fundamentos y técnicas de PNL y NOÉTICA para dar un sentido humano y culminante a la existencia. Un proceso para revelar la propia identidad y su relación con lo transpersonal y espiritual.
Una guía para llenar el vacío existencial, incorporar valores trascendentes que ayuden a vivir con plenitud, motivados y satisfechos.

PNLBooks&Vía Directa

VÍA DIRECTA

PNL BOOKS Ediciones

Título: *La evolución consciente: identidad y espiritualidad.*
Autor: Salvador A. Carrión

1ª Edición Abril 2010 Publicaciones de PNL, S.L.
Reimpresión 2020 Vía Directa&PNLBooks

Edita: PNLBooks&Vía Directa

www.edicionesvia.com
mail: edicionesvia@gmail.com

Maquetación: Albertina Castaño Melero
Portada: William Adler

Depósito legal:
ISBN: 978-84-938499-4-8

Impreso en España, CEE

A la mitad del camino de la vida me encontraba en una oscura selva, por haberme apartado del camino recto.
¡Cuán penoso me sería decir lo salvaje, áspera y espesa que era esta selva, cuyo recuerdo renueva mi temor; temor tan triste, que la muerte no lo es tanto!

Divina Comedia, Infierno, Canto I.
Dante Alighieri

PRÓLOGO

> Existe, literalmente, miles de personas sabias, desconocidas para el hombre corriente.
> Enseñan de una manera que no es reconocida como enseñanza por el rebaño.
> Continuamente influyen sobre el hombre.
> La gente que responde a figuras autoritarias y cosas misteriosas es incapaz de establecer contacto con ellos.
> Otra gente carece de información y preparación.
>
> Idries Shah[1], *Reflexiones*

Creo recordar que hace cincuenta años, apenas tenía catorce, me sentí profundamente impresionado por un libro que cayó en mis manos, *El retorno de los brujos*, escrito por Louis Pauwels[2] en colaboración con Jacques Bergier[3]. Aquel texto me abría a una visión sorprendente donde lo fantástico sería entonces lo que queda tras el velo de las apariencias del sentido común y el saber oficial. Aquello era para mí una suerte de realismo superior o superrealismo, una síntesis integradora de poesía y ciencia capaz de desvelarme enfoques del conocimiento que hasta entonces se ocultaban en las sombras. Pero lo más valioso que me aportaron las páginas de *El retorno de los brujos* fue el ponerme en contacto con personajes tan diversos como la teósofa Helena Blavatsky[4], el jesuita Pierre Teilhard de Chardin[5], el astrofísico Arthur Clarke[6], el escritor esotérico Gustav Meyrink[7], el carismático maestro George Gurdjieff[8] (ideólogo junto a Piotr Demiánovich Ouspenski[9] del *Cuarto camino*), y estos, a su vez, con el esoterismo cristiano, con el sufismo y la Tradición Perenne[10]. Aquel nuevo mundo que se abría ante mí resultaba excitante. Cada lectura me estimulaba más y más a profundizar en las nuevas realidades que se me mostraban lejos del materialismo de la época. Estaba descubriendo que el hombre posee facultades inexploradas que le pueden transformar en un ser superior, y que las técnicas y enseñanzas para conseguirlo se encuentran disponibles a través de ciertas personas, ciertos lugares y en determinados momentos.

Desde aquellos lejanos días mi búsqueda ha sido incesante. He recorrido cuatro de los cinco continentes inquiriendo el conocimiento que me permitiera un *desarrollo superior*. Estudié las diversas religiones hasta llegar a la raíz única de todas ellas. Investigué las diversas escuelas de pensamiento y filosofías desde los misterios eleusinos a las modernas psicologías transpersonales. He sido instruido por sacerdotes cristianos primitivistas, gnósticos, avanzados seguidores del *advaita vedanta*[11], yoguis integrales, chamanes amazónicos, y maestros sufíes. Por fin, en las puertas de la senectud, me di cuenta de que, aunque buscara en los más remotos territorios o en las cumbres más escarpadas o en las profundidades abismales, no encontraría el lugar, pues miraba en la dirección equivocada. El secreto estaba mucho más cerca de lo que pensaba y no era otro que el interior de mi propio corazón. Yo buscaba lo fantástico, lo milagroso, lo sorprendente, algo que pudiese calificar como «mágico», «conocimiento secreto», «conciencia superior», «iluminación», sin darme cuenta de que, como decía el gran Maestro Bahaudin Nashband[12]: «No creas que el Conocimiento es algo que cuando lo alcances puedas decir: ¡Ah, esto es Conocimiento! ¡Ah, esto es Iluminación!»

> Estas son las señales milagrosas que buscas: que llores durante toda la noche y te levantes al amanecer, preguntando; que el día se te llene de oscuridad y el cuello se te quede flaco como un hueso ante la carencia de lo que pides; que lo que regales sea todo lo que poseas; que sacrifiques tus pertenencias, tus horas de sueño, tu salud, tu cabeza; que te sientes

> a menudo en una hoguera como un tronco de aloe; y que suelas ir al encuentro de una hoja de espada como un casco abollado. Cuando las acciones, fruto de la impotencia, se convierten en algo habitual, ésas son las señales. Pero tú vas corriendo de un lado para otro para escuchar relatos insólitos, para fijarte en las caras de los viajeros.[13]

Lo que la gente llama «iluminación» o «conciencia superior», lo que los budistas denominan *nirvana*, el zen *satori,* el islam *marifa,* en el sentido más amplio de la palabra, significa adquisición de nueva sabiduría o entendimiento, acompañado de una sensación de plenitud. Ciñéndonos al vocabulario utilizado en cuando hablamos de desarrollo espiritual es la experiencia de lo divino, sentir la presencia de «Lo Trascendente». Una evidencia interior que, puede ser mística o no, y se manifiesta como Paz, Amor, Felicidad o sentido de Unidad con el Universo.

Para la mayoría de las personas que, como yo, en su día emprenden la búsqueda de conocimiento esotérico, el fin es alcanzar una «conciencia superior». El proceso es lento y penoso, pues la multitud de «yoes» que puebla la mente colocan innumerables trampas en el camino que nos hacen tropezar una y otra vez para intentar arruinar nuestro empeño. Son muy pocos los «buscadores» que llegan a comprender que para alcanzar ese estado (si es que se logra) se requiere un largo viaje, como el de Ulises[14], lleno de tribulaciones donde la disciplina, la constancia y la paciencia son los únicos compañeros de viaje.

> Si no le interesa lo que digo, hay un final para esto.
> Si le gusta lo que digo, por favor, trate de entender qué influencias han hecho que le agrade.
> Si le agradan algunas cosas que digo, y le desagradan otras, podría tratar de entender por qué.
> Si le desagrada todo lo que digo, ¿por qué no trata de averiguar qué formó su actitud?
>
> Idries Shah

INTRODUCCIÓN

Hay otros mundos, pero están en éste.
Paul Éluard[15]

Cuando se habla de *evolución* o *desarrollo humano* la mayoría de la gente entiende que se trata del proceso de mejora e incremento de las facultades intelectuales que se produce de modo natural en toda la especie. Nada que ver, el significado real, y al que yo me voy a ceñir, va mucho más allá de un incremento de capacidades psíquicas del hombre.

Lo primero de todo, antes de abordar el tema que nos ocupa, conviene dejar bien claro que, a pesar de lo que dicen los «científicos» y lo que postula la «ciencia oficial», no sabemos nada (o muy poco) del origen del hombre y de su posible evolución física y mental. Sigue sin aparecer ese «eslabón perdido» del que tanto se habla como justificación de las teorías evolucionistas que no encajan. Como dijo Ouspensky[16] y más recientemente Robert Ornstein[17]: «desde el hombre de Neandertal[18] seguimos siendo prácticamente iguales.» Por otro lado, hay evidencias de que, desde aquellos tiempos, siempre han existido huellas de la presencia de seres superiores que realizaron portentosas obras que nada tenían que ver con nuestros predecesores. No es de extrañar, entonces, que podamos deducir que, por sí mismo, el hombre común —cada uno de nosotros— no tiene la posibilidad de evolucionar naturalmente *(mecánicamente)*. ¿Qué quiero decir con esto? Que las teorías darwinianas[19] en el caso del hombre (como en los animales) operan, hasta un cierto punto, por lo que más allá, sin un esfuerzo consciente, no es posible la evolución.

Partimos de la base de que el común de los mortales debe pasar por diferentes etapas neurológicas de desarrollo. Esto nos reafirma que el hombre es un ser en construcción, que no está completo. En el primer periodo de la vida, entre los 0 y los 7 años, el proceso es básicamente físico y la evolución del niño se produce de forma natural, automática, prácticamente todo le viene dado, y el esfuerzo es casi nulo. En esa época se adquiere un grado de conciencia elemental circunscrito al plano físico. Más adelante y hasta que finaliza la juventud, el avance, aun siendo más complejo, ya que es psíquico, solo requiere de una capacidad mínima de absorción de la información suministrada por el medio y la adecuación de las facultades mentales comunes. En esta fase lo único que hacemos es incrementar un poco la conciencia física incorporando en ellas pequeños aspectos del plano mental. Pero, a partir de un cierto punto, el individuo tiene que hacer un esfuerzo de naturaleza superior o de lo contrario vivirá y morirá tal cual nació o, a lo sumo, contendrá algo más de mejora de su intelecto pero degenerado. La tercera fase —la etapa adulta— de la evolución exige que el hombre se comprometa consigo mismo en el proceso de perfeccionamiento de ciertas cualidades y «órganos de percepción superior» que, por lo general, permanecen aletargados y no pueden desarrollarse por sí solos.

> La selección (evolución) natural empieza a ciegas. La selección neurológica de la juventud es más o menos una transferencia automática del mundo a la mente. La selección consciente es la forma en que podemos gobernar la evolución mediante el desarrollo de la habilidad de seleccionar partes de la mente.[20]

Un error muy común, entre aquellas personas que pretenden (sincera o egoístamente) alcanzar esa *evolución consciente,* es pensar que por sí solas pueden llevarla a cabo. La experiencia nos ha demostrado que ese perfeccionamiento de la conciencia no se alcanza si no existen determinadas condiciones que exigen un esfuerzo selectivo y que, además, se ha de contar con la ayuda apta de aquellos que comenzaron antes que él un proceso equivalente y han obtenido un cierto grado de desarrollo y evolución.

A propósito del libro

Obviamente, como el lector habrá deducido, el contenido de este libro no irá referido hacia un progreso mental sin más ni a una mejora en las habilidades para prosperar social y económicamente (cosas que sin duda se darán por añadidura). Aquí vamos a plantear un genuino plan para la evolución de la conciencia, para superar los límites encorsetados a los que la gente está acostumbrada y que no sobrepasa jamás.

Es por ello, por lo que basándome en mi propio camino y en los resultados obtenidos, tanto personalmente como en el de aquellos que depositaron su confianza en mí, propongo un *sistema* de trabajo que pueda ser útil a otros muchos. Técnicas hay cientos, unas mejores que otras; algunos métodos conducen hasta un cierto punto y ahí se quedan, otros te llevan hasta las puestas de un *Camino Superior* del que hablaremos en su momento.

Desde que el hombre es hombre, siempre ha habido quienes han procurado traspasar los límites de lo cotidiano, comprender lo que hay más allá de lo que percibimos con nuestros órganos sensoriales, acceder a otros niveles de conciencia y percepción que se escapan de lo mensurable. Aquellos individuos que cruzaron el umbral —en ocasiones conocidos como profetas, maestros, gurús o místicos— nos abrieron la vía y colocaron los hitos. Todos ellos, de un modo más o menos explícito, insistieron en la necesidad de adquirir un alto grado de conciencia si se quería alcanzar esa «plenitud» de vida al que deberíamos aspirar.

Hace ya treinta años que tomé contacto por primera vez con la PNL. Al principio me pareció que, sin duda, era una de las mejores prácticas terapéuticas para resolver gran cantidad de conflictos psicológicos. Pero no tardé mucho tiempo en darme cuenta de que la PNL podría ir mucho más allá, si se maneja adecuadamente. Hoy en día se ha demostrado que no solamente es una de las mejores herramientas de abordaje mental, sino que su eficacia trasciende lo personal y alcanza cualquiera de las áreas de actividad humana: empresarial, deportiva, en la organización, etcétera. Sin embargo, hay que tener mucha precaución a la hora de ponerse en manos de alguien que maneje la PNL; hay practicantes y enseñantes de PNL que son nefastos para quienes caen en sus garras. El conocimiento que otorga la PNL puede sacar —y de hecho así sucede en muchísimos casos— lo peor de la gente. Y no me estoy refiriendo a trastornos fisiológicos, sino a lo peor del ego, a las pasiones y vicios que se esconden tras la máscara social.

La PNL la definimos como «la epistemología de la experiencia» o lo que es lo mismo «conocer cómo conocemos». De ahí su gran utilidad y versatilidad ya que, con ello, nos permite mejorar, potenciar e incorporar cualquier conocimiento adquirido por otros; a la vez que ayuda a resolver, minimizar, volver a encuadrar y aportar recursos para que lo que se considera problema en un momento dado deje de serlo de inmediato.

Pero de nada de todo eso va a tratar este libro. Su utilidad, su genuina validez, que he constatado tras muchos años de experiencia, va más lejos de lo mental, laboral, colectivo o social, pues penetra en la esfera de lo trascendente, de lo que llamo *desarrollo integral de la persona.* Esta vía de transformación le permite al hombre, y por supuesto a la mujer, alcanzar el nivel máximo en su desarrollo humano, construyendo así un puente al infinito de uno mismo. Para ello nos vamos a servir de otra nueva ciencia: la Noética, que trata del conocimiento holístico directo o intuitivo.

Así pues, por facultad *noética* entendemos, como dijo Hamilton[21], «la que suministra todos aquellos conocimientos que se originan en el espíritu mismo en oposición a la dianoética, que es la facultad discursiva, elaborativa o comparativa». La facultad *noética* se corresponde en términos escolásticos con la inteligencia, potencia cognitiva de los principios o de los conocimientos inmediatos, a diferencia de la razón, facultad de conocer mediante el raciocinio. En consecuencia, el término *noética/o* lo emplearé para referirme al conocimiento que llega directamente a través de nuestras experiencias subjetivas o desde nuestra sabiduría interna.

La metodología de la PNL trata de la epistemología de la experiencia, como ya he explicado, y por extensión del diseño de esos modelos que usamos para conocer y actuar. La *Noética* es gnoseología[22], aunque más profunda ya que versa sobre el conocimiento intuitivo o del ser interno. Los procesos de cambio que se pueden abordar con *PNL-Noética* cubren los tres estadios de la naturaleza humana: físico, mental o psicológico y espiritual, entendiendo este último como *noético* o aquello que está más allá de la conciencia ordinaria. Ya se han escrito demasiados libros sobre los abordajes y técnicas de PNL para trabajar en los niveles físicos y mentales, por lo que aquí solo nos ocuparemos de las experiencias *noéticas.*

Para ponernos en situación hemos de clarificar aquellos conceptos de uno poco común, como son los que tienen relación con la noética, y por tanto, ¿qué es lo que entendemos por «experiencias *noéticas*»? Semánticamente *noético* es un término griego que se refiere al conocimiento subjetivo. Aunque el vocablo parezca nuevo han sido muchos los místicos, filósofos, maestros e investigadores del pasado quienes se refirieron a él con otros nombres. Blavatsky lo citó en su día:

> [...] Y esto sucede porque ninguna ciencia ni filosofía, que son, como mucho, un trozo fragmentado de la Religión de la Sabiduría, puede existir por sí sola, ni ser completa en sí misma. Para que La Verdad sea completa, debe representar una continuidad ininterrumpida. No ha de tener huecos, ni han de faltar eslabones. Pero, ¿cuál de nuestras religiones, ciencias o filosofías modernas, está exenta de tales defectos? La Verdad es Una. Aun siendo como reflejo más pálido del Absoluto, no puede ser más dual que su propia condición de absoluto, no puede tener dos aspectos. Pero tal verdad no es para la mayoría en este mundo de ilusión, y en especial para aquellas inteligencias que carecen del elemento *noético.*

> Estas han de sustituir la plena y *quasi* absoluta verdad espiritual por la relativa que, teniendo dos lados o aspectos condicionados por las apariencias, conducen a nuestras «inteligencias cerebrales», uno al intelectual materialismo científico, y el otro a la religiosidad materialista o antropomórfica. Pero al oponerse naturalmente con su contraria, incluso ese tipo de verdades no han de tener —si quieren presentar un sistema completo y coherente— ni lagunas ni contradicciones, ni eslabones perdidos o rotos, en la doctrina o sistema especial que trate de representar.[23]

Otros pensadores utilizaron nombre diversos para referirse a la «experiencia noética»; así, Jung las llama «experiencias místicas», Mihály Csikszentmihalyi[24] «experiencias óptimas», Maslow[25] de «experiencias cumbre», y, James «experiencias místicas». Nosotros usaremos el concepto original o, en ocasiones, «experiencias espirituales», como aquel conocimiento que se adquiere de forma directa, subjetiva y, en la mayoría de los casos, incomunicable.

> En aquel sosiego y silencio de la noche ya dicha y en aquella noticia de la luz divina, echa de ver el alma una admirable conveniencia y disposición de la Sabiduría en las diferencias de todas sus criaturas y obras, todas ellas y cada una de ellas dotadas con cierta respondencias a Dios, en que cada una en su manera dé su voz de lo que en ella es Dios; de suerte que le parece una armonía de música subidísima que sobrepuja todos los saraos y melodías del mundo.[26]

Como habrás podido constatar, existen diferencias sustanciales en el trabajo de abordaje en la PNL común (remediativa), la PNL Transpersonal (generativa), y la que yo denomino PNL-Noética (evolutiva). En cada una de ellas se opera en niveles diferentes del ser. En la primera las actuaciones se centran en las dinámicas conductuales, mejorando o cambiando aquellos comportamientos ineficaces o deficientes que cualquier persona suele tener. Las intervenciones de la segunda están destinadas a producir nuevas estrategias de pensamiento, a potenciar óptimamente los recursos y habilidades mentales, así como a resolver las deficiencias generadas por bloqueos o condicionamientos. En el tercer nivel, el *noético*, trabajaremos para conseguir una identidad firme y sin condicionamientos, que permita a la persona alcanzar una conciencia plena más allá de los estrechos límites que le han venido marcando las imposiciones socioculturales. De este modo, una vez que el sujeto queda libre, le es posible acceder a nuevos estados de ser.

La *PNL-Noética*, como ya sabemos, trabaja fundamentalmente con las formas, con modelos, por lo que sus técnicas son aplicables a cualquier sistema de creencias que se pueda tener. Quede claro que mi propuesta de trabajo no pretende sustituir a ningún credo ni mucho menos ser una nueva filosofía trascendental. Se trata, sencillamente, de un metamodelo (modelo de modelos) y, como tal, es adaptable a todo sistema de pensamiento, a cualquier cultura, religión o fe. La *PNL-Noética* es una herramienta útil y eficaz que todo el mundo puede aprender a manejar para mejorar su vida, de forma que esta sea «plena», más rica, eficaz y satisfactoria, completando así el destino final del hombre: desarrollarse hasta el límite de sus posibilidades.

Este libro proyecta servir de guía para quienes proyecten una transformación profunda, una línea de trabajo evolutiva para alcanzar el más alto grado de desarrollo al que puede aspirar un hombre en este mundo. Pero que nadie lance las campanas al vuelo antes de tiempo. Para lograr esa elevada cota de evolución no se pueden saltar peldaños como muchas personas intentan.

> Cuentan que un día a Nasrudín[27] se le ocurrió aprender a tocar la flauta, así que fue a buscar a un profesor de música. Al llegar a casa del flautista, Nasrudín le preguntó que si le podía enseñar a tocar el magnífico instrumento, el maestro le contestó que sí, aunque eso le llevaría varias sesiones.
>
> -¿Y cuánto me costará?
>
> -Las tres primeras sesiones una moneda de oro cada una, a partir de la cuarta una moneda de plata —explicó el músico—.
>
> -Muy bien, —repuso Nasrudín— empecemos por la cuarta.[28]

Esta actitud de Nasrudín, que nos hace sonreír, es común en la mayoría de los individuos, y muy común en aquellos que aspiran a un progreso espiritual; creen que por mucho correr o saltarse etapas van a llegar antes a su destino, y no se dan cuenta de que, como dice el proverbio árabe: «Por mucho que corras o por muy deprisa que vayas, no podrás escapar de tus propios pies».

Cada etapa requiere su tiempo y dedicación. ¿Cómo se puede aspirar a un doctorado sin saber leer ni escribir? No basta con querer, es necesario pasar por cada peldaño del aprendizaje. La voracidad mata innumerables planes de desarrollo, y la arrogancia es el principal impedimento para el avance. Tal vez la persona tenga mucha información, haya leído bibliotecas enteras, incluso puede que haya practicado ciertas técnicas de meditación, oración o trance; nada de eso le es útil ahora. Cuando iniciamos la andadura por un camino de nada nos sirven los mapas de otras carreteras, incluso los pertrechos necesarios para escalar una montaña son un estorbo para caminar por el desierto, y el equipo imprescindible en la nieve nos impediría avanzar en medio de la selva. De modo que, no es solo cuestión de aptitud, sino, sobre todo, de actitud. Si emprendieras un viaje, aunque esta metáfora sea una verdad de Perogrullo[29], tendrás que saber dónde estás para poder trazar la ruta. No es lo mismo que partas de Nueva York o de Moscú si quieres llegar a Estambul, ni los medios ni la distancia ni los recursos que necesitarás van a ser los mismos.

Cómo llevar a cabo el *trabajo en sí*

La evolución consciente no es un juego, ni mucho menos algo que se pueda tomar a la ligera, por eso estas recomendaciones son exclusivamente para aquellas personas dispuestas a comprometerse. Es necesario tomarse en serio a uno mismo si se quiere progresar más allá de los límites que impone la evolución mecánica.

Durante más de 40 años enseñando y dirigiendo a personas, y mi experiencia personal me ha permitido desarrollar un método de trabajo que, en la mayoría de los casos, ha sido altamente eficaz. Fueron y son muchos los alumnos y aprendices los que se han beneficiado de mis enseñanzas y guía, así que he creído conveniente, proporcionar esta tutoría para aquellos otros que deseen continuar en su proceso de cambio y crecimiento. Esto es precisamente lo que he venido haciendo en estos últimos veinte años, y he hecho un descubrimiento: existen áreas de nuestro ser que, debido a los condicionamientos culturales, han sido bloqueadas y que pueden ser recuperadas. Existe otra realidad superior y otra forma de vivir nuestra existencia, y vale la pena trabajar por alcanzarlas.

Son demasiadas las personas con inquietud intelectual las que se acercan a los caminos del conocimiento, y que sepan, que de nada sirven las lucubraciones mentales si no van acompañadas de una práctica. Como dicen los sufís: «Información sin experiencia es como un asno cargado de libros». Por eso, es por lo que propongo una vía de acceso basada en la experiencia directa. Una de mis propuestas básicas de trabajo, es que podemos implicarnos en la tarea de recuperar esas potencialidades desconocidas de consciencia, sin que sea indispensable para lograrlo la presencia específica y permanente de un «gurú», basta con un guía. Para transitar por una carretera no necesitamos al ingeniero de caminos que la diseñó, basta con alguien que ya la haya recorrido.

Parto del principio de que en cada uno de nosotros existe el potencial que necesitamos ampliar, y que si estamos realmente dispuestos a dejar de ser «buscadores de biblioteca» para convertirnos en practicantes comprometidos, es suficiente con una mínima oportunidad. Cualquier persona puede seguir el camino del conocimiento y evolucionar conscientemente por su propia cuenta, con sólo realizar las acciones que tienen que le permitan cruzar el umbral de la mediocridad, siempre y cuando cuente con un supervisor. Me consta de la dificultad que entraña el trabajo «en solitario», el desánimo, la pérdida de motivación, la voracidad, todo ello hace que el aspirante abandone. Si necesitamos ayuda no es cuestión de métodos o guías, es cuestión de empuje. Aquí no hay alumnos ni maestros, lo que hay son personas que quieren evolucionar, y otras que ya han comenzado la andadura y saben por dónde ir. Los libros, los maestros, las escuelas, son apoyos que pueden servir mientras uno esté dispuesto a trabajar con acciones concretas hacia el conocimiento, de lo contrario no sirven de nada.

Es muy cómodo —para aquellos «buscadores de biblioteca»— cultivar la idea del gurú «trascendido» gracias al cual, tocados por su infinita bondad, podremos alcanzar la «iluminación». Eso son sueños infantiles, falacias que solo conducen a la negligencia y a la dejadez. Aquí lo único que cuenta es el trabajo realizado, en la dirección adecuada, y bien ejecutado.

En el trabajo que hago con grupos, no pido a la gente que crea en mis palabras. Ya hemos tenido demasiado de eso. Es más, lo que le encomiendo a los participantes de las reuniones es que se atrevan a cuestionar hasta sus propias creencias. Más que creer lo que necesitamos es experimentar. De poco importa lo que se crea. Lo que de veras importa es hacer, vivir, experimentar, y todo ello en el terreno de lo específico, nada de abstracciones ni de fantasías.

Hay varios factores clave que intervienen para que un aprendiz pueda superar esos límites de los que hemos hablado. Ese desarrollo superior sólo es posible sólo si se dan determinadas condiciones, con un esfuerzo de cierta clase por parte del propio sujeto, y con la ayuda de alguien que haya comenzado el trabajo antes que él y haya obtenido un cierto grado de evolución, y conocimiento de los métodos.

Por tanto, el primer factor a considerar es el conocimiento del método. Para ello se necesita estudiar el libro como si se tratara de un manual, poniendo en práctica los diferentes ejercicios y técnicas que en él se recomiendan.

El segundo factor, establecer un contacto con otras personas que tengan intereses similares para crear grupos de trabajo. Se trata de crear núcleos de análisis, apoyo, y práctica, para poder llevar a cabo un trabajo más eficaz y evolutivo. Personas que puedan reunirse para contrastar sus experiencias, para debatir sobre los principios volcados en el libro, y para compartir sus dificultades y éxitos. Es el mejor antídoto para el «síndrome del aislamiento». Una vez creado el grupo de trabajo —si así lo desea y conviene—, irá recibiendo periódicamente las pautas para trabajar. En los libros —ni en éste ni en ninguno— está el conocimiento, lo que se presentan son índices. Tú tienes que ser capaz de poner en práctica lo que te sugieren para conocer lo que el índice indica, y así extraer el significado oculto que solo se desvela con la experiencia.

El tercero, estar en disposición de aceptar las directrices de la faena para que puedas ser corregido y orientado en las siguientes fases del proceso. Ahora bien, nunca pensando que las instrucciones que se te facilitan son una sacrosanta verdad, sino simples indicaciones de alguien que ya ha transitado por esa ruta.

El primer ejercicio que te propongo como parte de la metodología del libro es el llamado: *La caja de cristal.* Su propósito es cambiar la percepción que tenemos de las cosas y preparar la mente para un trabajo de desarrollo superior. Solo necesitas un televisor y una hora de su tiempo.

Ejercicio de la Caja de cristal

El ejercicio consiste en lo siguiente: Te sentarás durante una hora entera tratando de ver el televisor como una simple caja de cristal con fondo de plástico. El objetivo es oponerse el condicionamiento y adiestramiento adquirido desde la niñez que te ha hecho creer que eso es un aparato que te provee entretenimiento, diversión, e información importante.

Procurarás estar sentados por una hora con el televisor conectado, sin permitir que te atrape la información que emita, por el drama, el conflicto, ni por las distracciones con las que somos tan estratégicamente bombardeados. Recuerda: «¡Tan solo es una caja!». Y así te repetirás internamente una y otra vez: «Solo es una simple caja de cristal. No hay nada revelador que esté pasando, tan solo algunos cambios de luz y sonido, pero sé que no es más que una caja.»

Por supuesto, para tener éxito en esto deberás mantener el foco de la atención durante la hora entera en el hecho de que esto es tan sólo una caja, sin variar el foco. Las distracciones vendrán no te quepa la menor duda. Pero el éxito no consiste en no perder la atención, sino en darte cuenta de que la has perdido y volver a controlarla tú. ¿Dónde está el factor de distracción en el ejercicio de la caja de vidrio? ¿Acaso está en el televisor, en la película o comerciales, o donde? El proceso es el mismo: la mente continuamente quiere asociarse con lo que está pasando en el televisor.

1

EVOLUCIÓN Y CONCIENCIA

> Al principio fuimos de arcilla. De mineral nos convertimos en vegetales. De vegetales en animales y de animales en hombres. En estas épocas el hombre no sabía adónde iba, aunque había emprendido un viaje larguísimo. Y aun tiene que pasar por cientos de mundos distintos.
>
> Yalaludin Rumi[30]

Por lo común, la palabra evolución se aplica al hombre y a todo aquel ser vivo que presuponga una suerte de proceso mecánico de perfeccionamiento; es decir, que ciertas entidades, por ciertas leyes conocidas o desconocidas, se transforman en otras existencias, y estos otros entes se transforman aun en otros, y así sucesivamente. Pero, desde el punto de vista que quiero traer aquí, tal evolución no existe en el hombre, tal vez sí suceda para otros organismos y especies, pero para el ser humano no. Como ya adelante en la *Introducción*, la evolución del hombre, si es que sobreviene, solo puede ser el resultado del incremento de la conciencia, del conocimiento y del esfuerzo. El hombre común, tal y como lo conocemos, no es un ser completo; ya que como he dicho, la naturaleza lo desarrolla hasta cierto punto y luego lo deja, para que siga adelante por sus propios esfuerzos e iniciativas, o vivir y morir tal cual nació o, incluso, degenerar y degradarse perdiendo su capacidad de evolución. Así pues, la evolución del hombre implica el desarrollo de ciertas cualidades y rasgos interiores que por sí mismo no pueden crecer y, por lo general permanecen inactivos.

La experiencia y la observación de lo alcanzado por unos pocos individuos, me han demostrado que ese desarrollo es posible sólo si se dan determinadas condiciones, con un esfuerzo de cierta clase por parte del propio sujeto, y con la ayuda de alguien que haya comenzado el trabajo antes que él y haya obtenido un cierto grado de evolución, y conocimiento de los métodos.

Esto supone un autoconocimiento, y a partir de él una limpieza, una eliminación de todo aquello que vela la autentica naturaleza humana. Es decir, debe transformarse en un *ser diferente*. En la mayoría de los casos no se trata de hacer más sino de hacerlo mejor. Mientras el hombre se limite a conocer lo que puede conocer del modo corriente, desde la perspectiva del mundo físico, para él no hay evolución, ni la hubo ni la habrá jamás.

Otro punto clave en todo este proceso es llegar a comprender que no todas las personas alcanzan a desarrollarse y llegar a ser diferentes. Y no es que esa gente no pueda, es que no quieren. Jamás les ha interesado nada que tenga que ver con los planos superiores, e incluso, habiendo oído hablar de ello jamás lo han escuchado. La evolución es un trabajo individual e intencionado, de disciplina y esfuerzo, nada tiene que ver con la muchedumbre, ésta responde a patrones básicos y emocionales, por lo que es muy difícil que en su conjunto progrese más allá de los cambios en niveles básicos.

¿Y qué queremos decir entonces con «ser un hombre diferente»?

Ante todo, para llegar a ser diferente la persona debe quererlo mucho y por largo tiempo. Los procesos esenciales de transformación no son cosa de caprichos temporales; tampoco es posible alcanzarlos en cursillos de fin de semana o seminarios intensivos. Aquí los arrebatos provocados por el inconformismo social no sirven de nada, son como un globo de niños que a los pocos minutos ya está deshinchado. La evolución consciente depende del compromiso, de la comprensión de lo que se puede conseguir y de la disposición de lo que tiene que dar y renunciar.

Pero mucha atención, ya que antes de que la persona que aspira a *ser diferente* comience a adquirir alguna de las *nuevas facultades* o «poderes», que por supuesto no conoce ni tampoco sabe de qué se tratan, necesita conseguir incorporar capacidades y habilidades que se cree que posee, y que se las adjudica arrogantemente. Probablemente este sea el punto crucial del proceso.

Para empezar, y para que estés al corriente desde dónde arrancas, debes saber que *el hombre no se conoce a sí mismo*. Desconoce su estado, sus limitaciones y sus capacidades. Cree que sabe algo y en realidad es un completo ignorante, ni tan siquiera conoce lo mucho que desconoce.

Vayamos por partes. En la humanidad existen dos tipos de hombres (y mujeres): los *dormidos* y los *despiertos*. Los *dormidos* viven en un estado de inconsciencia total, una especie de letargo permanente; son como ovejas de un rebaño que responden al unísono a los gritos del pastor o a los ladridos del perro. Los *dormidos* son personas que actúan, que se mueven, que van y vienen, aunque no saben lo que hacen y para qué. Son auténticas máquinas que actúan como tales, *mecánicamente*. Son seres carentes de sentido, sometidos y adiestrados que responden como autómatas a los dictados de sus dominadores, ya sean gobernantes, líderes, jefes, «gurús», «mesías», famosos o cualquier otro poder fáctico. Los *dormidos*, como viven entre *dormidos*, difícilmente se dan cuenta de su narcosis, de su trance, de su sueño y por tanto, no sienten necesidad de despertar. No saben distinguir el oro falso (pirita) del verdadero. El inconsistente mundo en el que viven, al que llaman objetivo, es lo único que perciben y consecuentemente lo único que les interesa. Desde la infancia, la sociedad (incluida su propia familia) se encarga de adoctrinar y moldear a cada sujeto para que experimente el mundo como ellos, que también están *dormidos*. Estas gentes, que realmente son androides sin voluntad, viven en un mundo materialista y depredador donde se alientan las pasiones (vicios) y emociones, creyéndose que tanto unas como otras les durarán eternamente o les permitirán progresar más allá de su insustancial existencia. Estos individuos están privados de conciencia, aunque creen que la tienen y son capaces de afirmar categóricamente que son conscientes de todo lo que ocurre a su alrededor. Sin embargo, esa conciencia que dicen tener no es más que una sombra, una fugaz brisa o atisbo esporádico y fragmentado de la conciencia real.

> Este es el estado más bajo de la conciencia. Este es un estado pasivo y puramente subjetivo. El hombre está rodeado de sueños. Todas sus funciones psíquicas trabajan sin ninguna dirección. No hay lógica, no hay secuencia ni causa ni resultado en los sueños. Puramente imágenes subjetivas —ya sean reflejos de experiencias anteriores o reflejos de percepciones vagas del momento, tales como sonidos que llegan al hombre que duerme, sensaciones que vienen al cuerpo, ligeros dolores, tensión muscular— vuelan por su mente, dejando una muy pequeña huella en la memoria y más frecuentemente sin dejar ningún rastro.[31]

El otro tipo de hombres y mujeres es el de los *despiertos,* los que han llegado a ser diferentes o están en vías de serlo. Personas que tras un proceso de incremento de la conciencia han salido del trance, y se dan cuenta de que han sido y vivido como *dormidos* imposibilitados para percibir nuevas realidades que trascienden lo vulgar. Cuando despiertan logran darse cuenta de que más allá del rebaño, más allá del condicionamiento y adoctrinamiento social, existen otros mundos, otras realidades muy superiores que están en esta. Pero cuando uno despierta no adquiere la lucidez inmediatamente, es como si acabara de levantarse de la cama manteniéndose en ese estado de semiconsciencia o «vigilia parcial». Este sería, por decirlo de algún modo, el segundo estado de conciencia al que la mayoría puede acceder.

Sin embargo, estar *despierto* no significa que haya concluido el trabajo de desarrollo personal. El *despierto* no está a salvo de volver a dormirse, como tampoco va a incrementar su conciencia de vigilia por el mero hecho de mantenerse *despierto*. Por ello, distinguiremos tres tipos de hombres *despiertos*:

a. Los que han adquirido una «conciencia parcial» o los *somnolientos*.
b. Aquellos que poseen una «conciencia de sí» y que están completamente *lúcidos*.
c. Quienes han alcanzado la «conciencia objetiva» o *iluminados*.

Del tercer estado de *despierto*, el de «conciencia objetiva», el hombre común no sabe nada, y es muy difícil hablar de él salvo con lenguaje simbólico y cifrado. A este último estado solo se accede a través de la «conciencia de sí», es decir, primero hay que llegar a ser plenamente consciente de uno mismo y más tarde, mucho más tarde, podríamos estar en disposición de alcanzar el estado supremo de conciencia.

El primer grupo de *despiertos*, los *somnolientos*, están en una fase de recién salidos del sueño, despertándose, iniciando su día, en un estado de semitrance en el que resulta bastante cómodo y sugestivo dar media vuelta y seguir durmiendo. Estos aún deben romper su *mecanicidad* para poder ser conscientes de sí. Los *lúcidos*, por el contrario, están vigilantes, conscientes de sí mismos, de su potencial, de su conocimiento. Han llegado a ese estado de evolución tras arduos esfuerzos y siguiendo un meticuloso entrenamiento en todos los niveles. El estado puede llamarse «conciencia de sí».

Si le preguntáramos a la gente si son conscientes, especialmente a aquellos que creen estar en un camino espiritual, nos dirían: «¡Sí, evidentemente, soy consciente!» En la mayoría de los casos es una falsedad, una *mentira*, un autoengaño, ya que se requiere mucho tiempo y un deliberado esfuerzo de observación de sí mismo, con disciplina y constancia, antes de que la persona reconozca que no es realmente consciente; que solo lo es virtualmente. Cuando hacemos ese tipo de interpelaciones, el individuo responde automáticamente: «¡Sí, lo soy!», y por supuesto que en ese instante lo es, pero en el momento siguiente cesa la atención y se deja de serlo. En consecuencia, como fase inicial en el proceso de observación de sí, hemos de aceptar que no somos completamente *lúcidos*, que carecemos de ese tercer grado de conciencia, que solo vivimos en los dos primeros: *dormidos* y *somnolientos*, lo que equivale a tener una conciencia parcial. El desarrollo no puede comenzar basado en el autoengaño, en la mentira que uno mismo se hace a sí mismo. El hombre debe saber lo que tiene y lo que no tiene. Esto significa que debe darse cuenta de que no posee las cualidades que se adjudica, en especial creerse ser un ser unificado con una identidad firme y creer que posee una conciencia de sí mismo.

El modelo que nos ocupa (si la persona desea comenzar un proceso de cambio comprometido) debe partir desde el estudio de esta nueva psicología, la *PNL-Noética*, es decir, del conocimiento de uno mismo, porque nuestra ciencia no puede abordarse como ocurre con la botánica, la zoología o la astronomía, fuera de uno mismo. El hombre tiene que conocerse a sí mismo para después alcanzar otros conocimientos. Y este conocimiento debe ser sincero, descarnado, estando dispuesto a mirar cara a cara la podredumbre con la que nos hemos revestido.

Cuando escuché esto por primera vez de la boca de mis maestros, advertí inmediatamente que carecíamos de un método de estudio de nosotros mismos, y que además, lo poco que creemos saber son ideas equivocadas. Eso me llevó a vislumbrar que inicialmente tenía que erradicar las falsas concepciones acerca de mí mismo y, a la vez, encontrar un método para el autoconocimiento.

El desarrollo humano no puede construirse sobre la base de la mentira. En realidad, no sabemos cómo somos y, por lo tanto, esta es la primera falsedad que debemos erradicar de nuestra mente. Es necesario saber qué tenemos y de qué carecemos, especialmente hemos de desterrar la idea de que poseemos *voluntad, conciencia, autonomía de acción* y que sobre todo, que somos un *yo permanente.*

Las condiciones del «pájaro solitario» son cinco:
La primera, que se va lo más alto;
la segunda, que no sufre compañía, aunque sea de su naturaleza;
la tercera, que pone el pico al aire;
la cuarta, que no tiene determinado color;
la quinta, que canta suavemente.
San Juan de la Cruz[32]

2

MENTE FRAGMENTADA

Mientras estás fragmentado e inseguro de nada sirve la índole de tus decisiones.

Hakim Sanai[33]. *El jardín amurallado de la Verdad.*

El ser humano es parte de un todo, llamado por nosotros el universo una parte limitada por el tiempo y el espacio. El ser humano se experimenta a sí mismo, a sus pensamientos, sensaciones y emociones, como algo separado del resto, una especie de ilusión óptica de su conciencia. Este estado ilusorio es una especie de prisión para todos nosotros, restringiéndonos a nuestros deseos personales y a los afectos a unas pocas personas cercanas. Nuestra tarea, debe ser el liberarnos de esta prisión, ensanchando nuestro círculo de compasión para abrazar a todas las criaturas y a todo el universo en su belleza.

Albert Einstein[34]

Como ya hemos advertido, el proceso de evolución consciente debe construirse sobre la base de la verdad y la sinceridad. El hombre, debido a los condicionamientos neurológicos, culturales e individuales, no conoce ni siquiera la verdad de sí mismo. Y la verdad fundamental es que el hombre es un autómata, un *sonámbulo*, una especie de máquina cuyas acciones responden a influencias e impactos externos. Todo lo que el hombre es una reacción automática. Hasta que no se es consciente, el hombre no hace, le sucede. Sus acciones, sus pensamientos, son como los de una marioneta movida por hilos invisibles que maneja el titiritero. Pero el grave problema radica en el hecho de que si no se es capaz de comprender que él es una máquina y que su vida es totalmente mecánica, o si no acepta que esto es así, no puede avanzar y jamás cambiará.

Pero no hay nada perdido, lo cierto es que existe una salida, dada la peculiaridad del tipo de máquina que somos, si se dan las circunstancias adecuadas y tras un trabajo pertinente, el hombre puede darse cuenta que es un autómata durmiente y en ese punto puede comenzar a dejar de ser máquina. Es decir, el hombre debe trabajar para tornarse humano.

Para comenzar es necesario saber que el hombre no es un «yo permanente» y firme como se cree ser, sino que una multitud de «yoes» que toman el control aleatoria y caprichosamente de su mente. Ahora es así, al momento siguiente es de otro modo, a continuación, cambia de nuevo, y a cada instante es diferente. Estamos permanentemente fragmentados y sin embargo creemos ser una unidad. Crees estas atento y concentrado cuando en realidad tu mente vaga de un pensamiento a otros. A cada instante te dejas influir por un impulso inconsciente. Pasas de gustos a aversiones sin orden ni control. De pronto tu atención salta de lo que estás haciendo a divagar por mundos ilusorios. Te crees que sigues un proyecto lineal de vida, cuando en realidad se trata de una ilusión inoculada por la educación que te ha hecho creer que eres un cuerpo físico con una mente pensante a la que le has asignado una etiqueta de identidad y que debes responder de una determinada y aceptada forma.

Son muchos los científicos que pretenden explicar que el cerebro y la mente son dos fenómenos de una misma realidad, es decir, que la actividad cerebral son los procesos mentales, afirmando que, la interacción de mapas, estrategias, sistemas de creencias y circuitos neurológicos con sus potenciales eléctricos y sus neurotransmisores químicos, son el mundo psíquico; en consecuencia, de un modo exclusivamente racionalista y mecanicista, solo lo ven y expresan en términos físicos, químicos y neurobiológicos. Según ellos, procesos cerebrales y procesos mentales son una y la misma cosa. Obviamente, no todos los investigadores de la mente pensamos así, hay una gran discrepancia entre esa forma reduccionista, y otros planteamientos mucho más filosóficos y trascendentes al respecto. Por ende, hay tres conceptos que convine tener muy claros desde el principio: cerebro, mente y conciencia.

El cerebro es la parte anterior superior del encéfalo y el centro supervisor del sistema nervioso. Está formado por la materia gris y la materia blanca. Es un órgano complejo, del que se desconoce la mayor parte del funcionamiento. El desempeño básico del cerebro es mecánico, controla, regula y coordina los músculos, la homeostasis y las funciones mentales; aunque también responde a las instrucciones que le damos, que si bien se relacionan con el mismo, son independientes por naturaleza, aunque simultáneamente, sean dependientes y se interrelacionen con el proceso funcional y neuronal. Vendría a ser algo así como la herramienta o la máquina que permite captar los impactos sensoriales del medio y manifestar físicamente la actividad mental. Es importante dejar bien claro, que no pensamos con el cerebro.

> La mayoría de nuestras experiencias de lo que existe fuera de nosotros son en realidad transposiciones de diferentes grados de estimulación en el mundo externo. Esta caracterización de la mente es con frecuencia sorprendente para muchas personas: no existen colores en la naturaleza, ni sonidos, ni sabores. Fuera de *nosotros* existe algo frío, tranquilo y sin

> color. Somos *nosotros* quienes creamos los sonidos a partir de las ondas del aire; somos *nosotros* quienes creamos colores a partir de vibraciones similares, aunque de frecuencia menor, y somos *nosotros* quienes transformamos moléculas que resultan ajustarse a espacios en nuestra lengua como filete o salsa bernesa; todas estas cosas constituyen *dimensiones de la experiencia humana*, no dimensiones del mundo externo.
>
> Nosotros no experimentamos realmente el mundo externo; solo captamos una porción muy refinada del mismo, *una porción seleccionada para sobrevivir*. Esta selección humana de la realidad nos mantiene a salvo de perturbaciones, nos proporciona suficiente información para manejar el cuerpo, para mantenernos saludables y, lo que es más importante, para reproducirnos y sobrevivir.[35]

La mente, del latín *mens*, designa aquella entidad o sustancia distinta del cuerpo que se supone la causa de los procesos cognoscitivos del sujeto. El término se ha considerado a menudo sinónimo de alma o intelecto. En la metafísica tradicional, se considera a la mente el primer principio organizador de la materia (el *nous* de Anaxágoras[36]), así como idéntica a la facultad característica del alma racional o al Espíritu. Como explica el profesor Salguero[37]: «La Mente es un medio, es decir, una figura virtual que involucra a todos los procesos de información que surgen como consecuencia de la percepción y aprehensión, mediante el uso de los sentidos.»[38]

> No hay ningún acuerdo general en nuestro mundo contemporáneo, ni tampoco en todos los anales de la historia o de la filosofía sobre una definición de lo que constituye la mente humana. Hay conceptos, muchísimos conceptos, algunos con nombres que suenan abstractos, tales como «idealismo», «monismo» y muchas variaciones de «dualismo». Ciertos observadores rechazan la existencia misma de una mente, comparando los seres humanos a los animales (diciendo que no hay diferencia entre los seres humanos y los animales). Pero todos estos conceptos tienen una cosa en común, y es que están basados en suposiciones. No existe ninguna teoría sobre la mente que no comience con ciertos postulados imposibles de probar sobre la vida mental y la vida física y su relación una con otra.

> El concepto de la mente humana dado por el Señor en La Doctrina Divina tiene facetas múltiples. Está compuesta de sustancias, formas y estructuras naturales y espirituales, todas muy complejas. Consideremos su estructura más básica como una casa con dos pisos, con la mente espiritual ubicada en el piso superior y la mente natural en el piso inferior. Toda nuestra vida consciente en este mundo se desarrolla en las cámaras de nuestra mente natural. Toda conciencia (conocimiento) de nuestras sensaciones, y de nuestros pensamientos y sentimientos ocurren allá. Pero eso no es todo; hay también en la mente natural muchos aspectos subconscientes. Sin embargo, por ahora fijemos nuestra atención sobre la función principal de la mente natural. Y esta función es permitir a una persona aprender y utilizar verdades (sobre todo verdades del Verbo) para que lleguen a ser recipientes y vasos para la vida del Señor. El objetivo de la mente es ser llenado de esta manera, de modo que podamos decir verdaderamente que el Señor vive dentro de nosotros. La senda de entrada de esta vida proviniendo del Señor, ocurre a través del piso superior de nuestra mente espiritual el cual nos conecta con el cielo y el Señor.[39]

En la misma línea se expresa Robert Ornstein:

> La mente no está diseñada, como nos gustaría creer, para pensar, para la creatividad, para apreciar la ópera, etc., sino más bien *para permitirnos responder de manera inmediata a las contingencias del mundo*. En esto debe ser, pues, selectiva, de alguna manera lo mismo que una radio es selectiva, y después debe permitirnos recibir y considerar aquella información que requiere acción. Entonces se producen muchos cambios adicionales de la mente, una vez que nos volvemos conscientes de estos pocos y valiosos hechos.[40]

Como puedes apreciar, unificar significados aquí es una tarea excesivamente compleja. Así que, nosotros manejaremos el concepto griego *noûs* que es el que se ajusta más a lo que queremos transmitir.

Los filósofos griegos y cristianos que emplearon este vocablo lo identificaban con el alma o el espíritu, o al menos con una parte de ella, la que permite la actividad intelectual del alma, el conocimiento. En la actualidad, designa aquello que nos faculta para tener pensamientos, recuerdos, vida psíquica en general.

Pero no para todos los autores es así, como podemos apreciar en el texto de Simplicio[41]. Este filósofo bizantino, que trató de conciliar el pensamiento platónico con el aristotélico, plantea la idea de *noûs* como la aproximación que existe entre la mente y lo divino.

> Todas las demás cosas tienen una porción de todo, pero la Mente es infinita, autónoma y no está mezclada con ninguna, sino que ella sola es por sí misma. Pues, si no fuera por sí misma, sino que estuviera mezclada con alguna otra cosa, participaría de todas las demás, pues en cada cosa hay una porción de todo, como antes dije; las cosas mezcladas con ella le impedirían que pudiera gobernar ninguna de ellas del modo que lo hace al ser ella sola por sí misma. Es, en efecto, la más sutil y la más pura de todas; tiene el conocimiento todo sobre cada cosa y el máximo poder. La Mente gobierna todas las cosas que tienen vida, tanto las más grandes como las más pequeñas (...). Conoce todas las cosas mezcladas, separadas y divididas. La Mente ordenó todas cuantas cosas iban a ser, todas cuantas fueron y ahora no son, todas cuantas ahora son y cuantas serán, incluso esta rotación en que ahora giran las estrellas, el sol y la luna, el aire y el éter que están siendo separados. Esta rotación los hizo separarse. Lo denso se separa de lo raro, lo cálido de lo frío, lo brillante de lo tenebroso y lo seco de lo húmedo. Hay muchas porciones de muchas cosas, pero ninguna está separada ni dividida completamente salvo la Mente. La Mente es toda semejante, tanto en sus partes más grandes como en las más pequeñas, mientras que ninguna otra cosa es semejante a ninguna otra, sino que cada cuerpo singular es y fue más manifiestamente aquello de lo que más contiene.[42]

En este momento, conviene separar la acepción que nosotros damos a la mente (con minúscula), de Mente (con mayúscula) que correspondería al Principio Universal. Lo que no está resuelto aun ni para la filosofía, ni para la ciencia es si se trata de algo distinto del cuerpo o una de sus manifestaciones. Sea como sea, lo importante aquí es saber que se relaciona directamente con una potestad humana que permite el pensamiento racional, analítico y discursivo.

El siguiente concepto a plantear es el de la conciencia, del latín *conscientia.* Podríamos en principio delimitarla como una de las facultades de la mente, definida en general como el conocimiento que el ser humano tiene de sí mismo y de su entorno. En términos filosóficos, es la potestad de decidir según la percepción del bien y del mal.

> Es la relación del alma consigo misma, una relación intrínseca al hombre «interior» o «espiritual», por la cual se puede conocer de modo inmediato y privilegiado y, por tanto, se puede *juzgar a sí mismo* de manera segura e infalible.[43]

Metafóricamente hablando, la mente es tan sólo un vehículo para la conciencia; y así como la funcionalidad de un vehículo es el movimiento, la de la mente es el pensamiento. El resultado final del movimiento del vehículo es el desplazamiento, y el del pensamiento es la experiencia; de la experiencia la conciencia extrae valores y significados. El equivalente al pensamiento, en la conciencia es la intuición, que representa una especie de salto cuántico, como diría Deepak Chopra[44], a través de la cual extrae los valores y conoce lo real sin necesidad de analizar lógicamente.

De todas las cualidades que el hombre debe desarrollar en su proceso de evolución y de transformación es la conciencia la que mayor trascendencia tiene. Sin embargo, existe demasiado desconocimiento, desinformación o confusión con respecto a su auténtico significado.

Dado que este es un tema crucial en nuestro trabajo, es muy importante unificar los términos de referencia de los que hablamos. Las personas, en su mayoría, hacen demasiadas lecturas mentales, dan por sabidos muchos conceptos de los que nada saben, o tergiversan su significado. Así que, aclaremos algunas ideas antes de proseguir y generar mayor confusión.

¿Qué entiende el hombre común por conciencia? Además de lo ya dicho, en la mayoría de los casos la equiparan a cierta actividad mental similar a la inteligencia.

Pero, ¿es eso realmente la conciencia? Categóricamente no. Para aproximarnos poco a poco a su realidad, diría que es una especie de «darse cuenta» en el «aquí y ahora» independiente de la actividad mental. O dicho de otro modo más técnico, es información intencionalmente ordenada y canalizada. También podríamos definirla según lo hace el modelo transpersonal como: «la dimensión central que sirve de base y de contexto a toda experiencia»[45]. Así lo explica William James[46]: «La conciencia, desde el día de nuestro nacimiento, consiste en una numerosa multiplicidad de objetos y relaciones, y lo que llamamos simples sensaciones son el resultado de la *atención* discriminatoria, llevada con frecuencia a un alto nivel».[47]

Entonces, ¿qué significa ser consciente? Ser consciente es «darse cuenta de sí mismo», de todo lo que sucede en el *self* («el sí mismo»): dónde está, qué hace, qué siente, cuáles son sus procesos mentales y físicos, sus creencias y sus fines, lo que sabe y lo que ignora, quién es, etcétera. Utilizando un sencillo tropo, la conciencia es «la portada» (o cabecera) de la mente. Al igual que en una revista o programa de TV lo más importante es lo que se resalta al inicio, la conciencia actúa del mismo modo.

A nuestra mente llegan innumerables impactos sensoriales cada instante. Los órganos sensoriales filtran unos, la percepción selecciona, organiza y simplifica otros, pero aun queda un importante paquete de datos que hay que seleccionar en función de su preeminencia. Eso es lo que queda bajo la responsabilidad de la conciencia, que debe escoger a cuál o cuáles de ellos prestar atención y resaltar.

> Nuestra conciencia despierta normal, lo que llamamos la conciencia racional, no es más que un tipo especial de la conciencia, mientras que alrededor de ella, separada por la más transparente de las pantallas, yacen formas potenciales de la conciencia totalmente distintas. Podemos pasar por la vida sin sospechar su existencia; pero al aplicar los estímulos necesarios aparece en su totalidad al primer roce, tipos definidos de mentalidad que probablemente en algún lugar tienen su campo de aplicación y adaptación. No puede haber ningún recuento global del uni-

> verso en su totalidad que deje de lado estas otras formas de la consciencia tan desatendidas. El problema es cómo prestarles atención, porque aunque puede determinar actitudes, no puede proporcionar fórmulas, y aunque puede descubrir una región, no puede facilitar un mapa. De todos modos, impide que liquidemos prematuramente nuestras cuentas con la realidad.[48]

Sin conciencia no hay desarrollo ni evolución. Como cualquier facultad superior, la conciencia crece naturalmente, poco a poco, hasta un cierto punto, más allá del cual, sin un esfuerzo deliberado permanece estancada. Cuando la conciencia alcanza un alto grado de expansión se «ilumina»; y no es que le llegue una sobrecarga lumínica ni nada de eso, sino que al expandirse es capaz de percibir sutilezas hasta entonces veladas. Pero sobre todo, expandir la conciencia, o elevar el nivel de conciencia, es percatarse de los distintos «yoes» que pueblan la mente y su naturaleza individualista, y al mismo tiempo manteniendo la atención al medio y a todo lo que percibimos sensorialmente.

En el proceso de crecimiento y progreso del ser humano pasa por diferentes niveles de desarrollo, etapas que van acompañadas de un incremento de la conciencia. En cada una de esas fases la persona despliega determinados aspectos de su naturaleza, los más básicos automáticamente (al principio) para ir complicándose y requiriendo una mayor voluntad y esfuerzo a medida que el sujeto crece. La conciencia, como facultad de discernimiento, se va incrementando y desarrollando para ajustarse a las necesidades del individuo en cada una de las etapas de la vida hasta un cierto punto, más allá, es preciso que sea el hombre, reflexionada y conscientemente, quien lleve a cabo su propio progreso, ya que de lo contrario seguirá siendo una máquina.

En el bebé la conciencia es ínfima dada la poca necesidad que tiene de ella, son sus progenitores los que suplen su carencia. A medida que el niño crece va adquiriendo más percepción y más necesidad de juicio. Este proceso prospera por fases de modo natural hasta una determinada edad, a partir de la cual el incremento de la conciencia deja de ser automático para transformarse en algo voluntario, siendo necesario el esfuerzo personal para que siga creciendo.

En el momento en el que comenzamos con la autoobservación, con lo primero que nos tropezamos es con la multitud de «yoes» que pueblan nuestra mente. Esta es nuestra principal ilusión, creemos que somos un solo «yo»; siempre hablamos de nosotros como «yo» y suponemos que nos referimos a la misma cosa todo el tiempo, cuando en realidad estamos divididos en centenares de «yoes» diferentes. Muchas veces comparo la mente del hombre con un conjunto de submentes caprichosas, volátiles y condicionadas a las que llamo «batallón de tontos»[49]. En esa «legión», cada uno de ellos lucha por ser quien gobierne en cada momento y dirija la *atención* a su capricho y, como ninguno de ellos permanece al mando mucho tiempo, nos mantenemos dispersos y fragmentados. En el momento en que digo «yo», habla una parte de mí, y si en otro instante vuelvo a decir «yo», hablará otro «yo» muy distinto. No nos damos cuenta de que no existe en nosotros un solo «yo», sino muchos «yoes» diferentes, cada uno de ellos conectados con sus propios sentimientos y deseos, careciendo de un «yo» capaz de contralar al conjunto. Estos «yoes» cambian todo el tiempo; uno ahoga al otro, uno suple al otro; y toda esta lucha compone nuestra vida interior. Esto es lo que ocurre: de tiempo en tiempo, un tonto (cada «yo») o pequeño grupo de tontos toma el control y luego se marcha cediendo el sitio a otro tonto. Cada tonto se cree que él es el único, y que su pensamiento es el más importante. Por la mañana cuando te despiertas —y esto es solo un ejemplo—, ahí está el «tonto perezoso» que es el jefe en ese momento y dice que para qué tanta prisa, que la calma es lo más importante, que la salud está por encima de todo, que no descansas lo suficiente, que no merece la pena dar un salto de la cama, que cuidado con el estrés, etcétera. Más tarde, cuando te has duchado y tomado un café, surge el «tonto presumido» que acude con la idea de que lo realmente importante es quedar bien, dar buena impresión, que definitivamente la vida no es otra cosa que apariencia, y que todo debe de estar supeditado a ello, etcétera. Tal vez, a media mañana aparezca en escena el «tonto compasivo» y nos haga reflexionar sobre la necesidad de ayudar a otros, de servir a la comunidad, de ser buen chico, etcétera. Por la tarde hará su aparición el «tonto vividor», buscador de placer, deleite, gozo y sexo, diciendo que para cuatro días que vamos a vivir lo único que importa es disfrutar con alegría y fiesta. Y así, cada tonto desmonta las pretensiones del anterior y las tira por tierra.

¿Cuántas veces te has propuesto al finalizar el día que a partir de la mañana siguiente vas a hacer o dejar de hacer tal o cual cosa? Y, ¿cuántas veces has mantenido tu propósito? ¿Cuántas veces después de alguna acción reprochable has decidido no volver a caer en esa actitud? Y, ¿cuántas veces has vuelto a cometer el mismo fallo?

Y así, un instante tras otro la fragmentada mente va dando saltos de aquí para allá manteniéndonos inestables, contradictorios, inseguros e ineficaces. Lo único que te puede librar del fatídico motín de los tontos es la autoobservación, una práctica disciplinada, una voluntad firme para mantener nuestra atención en alerta y enfocada conscientemente. Para alcanzar una «conciencia de sí» es imprescindible identificar a nuestros *tontos*, romper la *mecanicidad* y determinar voluntariamente que *tonto* es el que conviene utilizar en cada momento, sabiendo y responsabilizándonos de que es ese tonto el que queremos que actúe, y que no sean ellos (los «yoes» autónomos quienes responden mecánicamente) los que te gobiernen a su antojo. Has de esforzarte por ser tú, deliberada y conscientemente, quien seleccione qué parte de la mente quieres manejar en cada instante de la vida. A esto es a lo que se refiere la *evolución consciente*, dejar de ser *mecánicos* y tomar el control de la propia vida, examinando las opciones.

A cada momento surgen nuevos «yoes» que controlan las situaciones por un breve tiempo y luego se retiran. Hay unos que son más fuertes y astutos que otros y se mantienen durante más tiempo, y otros que regresan con más frecuencia. Los «yoes» que podemos identificar en nosotros se dividen en varios grupos, como si fuesen patrullas que comparten intereses. Cada uno de estos grupos tiene sus propias estrategias mentales, sus creencias y sus valores que forman bloques independientes y hasta, a veces, antagónicos los unos de los otros. Algunos de estos tropeles son legítimos y pertenecen a ciertos aspectos positivos de la naturaleza humana, pero otros (la mayoría) son totalmente artificiales y creados por los condicionamientos, la desinformación, los peores aspectos del ego y por ciertas ideas imaginarias y delirantes que la persona tiene acerca de sí mismo.

Cuando la persona *se da cuenta de* que no es un solo «yo», que son muchos, que puede creer algo como cierto por la mañana, esforzándose por ello, como si te fuera la vida en ello, y no conocer ni recordar nada por la tarde. Entonces, este *darse cuenta* es el comienzo. No quiero decir que si comprende esta pluralidad puede cambiarla de inmediato y volverse diferente; pero este *darse cuenta* es el primer paso para deshacernos de la *mecanicidad*.

La gente cree que, por el mero hecho de saber que hace algo concreto, es consciente de lo que hace. Nada más lejos de la realidad. Por ejemplo, una cosa es saber que se está comiendo y otra muy distinta tener conciencia del acto de comer. Cuando se come conscientemente los cinco órganos de percepción están en el *aquí y ahora*; se está atento a lo que, a través de la vista, te transmite el alimento. El paladar detecta los diferentes sabores, el olfato capta hasta los aromas más sutiles, internamente se detecta la sensación que produce al ser ingerido, incluso el oído escucha los tenues sonidos que la textura del manjar produce al ser cortado o masticado. Y no solo eso, sino que también se está consciente de sí mismo y su relación con el alimento: valor, significado y propósito. Otra cosa que no sea esto es engullir comida. Pues otro tanto sucede en los diferentes órdenes de la vida, pasear, trabajar, dialogar, etcétera; la mayoría de las personas hacen, pero sin conciencia en su hacer, suelen ser autómatas que repiten los mismos comportamientos una y otra vez, sin conciencia. En estos casos la atención vaga errática, fijándose aquí y allá dependiendo de que el objeto de su atención sea más o menos atractivo o que el *tonto* de turno la mande a un lado u otro.

Tal vez te preguntes cómo ser menos *mecánico*, y la respuesta es que debes estar más despierto. Si preguntas ahora cómo despertar, la respuesta es: no identificándote. ¿Y cómo no identificarte? Recordándote. Aunque parece una espiral infinita en la que cada método es una contraparte del otro, cada una de estas acciones tiene su propia cualidad y ventaja peculiar. Todos esos aspectos, despertar, no identificarse y recordarse, son diferentes. Es necesario atacar desde muchos frentes a fin de romper las defensas del enemigo. Es un enemigo muy astuto y fuerte el que tenemos que derrotar.

La *atención* es el elemento clave en este asunto de ser dueño de tus propios pensamientos, y romper el automatismo. Podría decir sin temor a equivocarme que la atención es una de las cualidades de la conciencia. Y como cualidad, la *atención* es una especie de músculo que si no se ejercita se deteriora. Es necesario que tú seas quien conscientemente maneje tu atención y la dirijas hacia donde sea conveniente. La *atención* necesita un líder que la dirija, que la gobierne; y ese líder no puede ser otro que la conciencia.

Sin embargo, para poder gobernar tu *atención*, es imprescindible que aprendas a llevar las reacciones automáticas a la conciencia, decidiendo desde ahí la alternativa a tomar. Es decir, adquirir el dominio completo de ti mismo, ser el rey o general en jefe del «regimiento de *tontos*» y para ello, la conciencia es la que tiene que tomar el mando. Y eso solo lo conseguirá a través de un proceso de aprendizaje que comienza con la *autoobservación*.

La *autoobservación* o la vigilancia del automatismo no es otra cosa que darte cuenta en primer lugar cuál es el «yo» que actúa; segundo, ser consciente de cada uno de los «yoes» que operan en ti; y por último, decidir que «yo» quieres que entre en acción en cada momento.

Cuando la *atención* está centrada en lo que estás haciendo, la conciencia permanece en el aquí y ahora. Lo que te lleva al conocimiento pleno del instante, ya que si no existe dispersión, si hay orden mental, se produce una expansión de la conciencia que te proyecta a la optimización de la experiencia.

Jamás se producirá una comprensión superior y no se obrará un cambio evolutivo, si no existe previamente una elevación del nivel de conciencia.

El ser humano tiene una capacidad limitada de *atención*. La mayoría de los errores, los fracasos, las equivocaciones, los desengaños, los conflictos, etcétera, sobrevienen como consecuencia de la baja o escasa *atención* que prestamos al momento —aquí y ahora—; es decir, cuando no existe conciencia del momento. Si no hay *atención*, tampoco hay plena conciencia y, lamentablemente, perdemos *atención* constantemente con las preocupaciones, los enfados, los conflictos, los problemas, los miedos, las inseguridades, las dudas, y los diálogos internos inútiles.

Ejercicio de drenaje

El propósito de este ejercicio es aprender a usar una parte de tu atención para mantener el cuerpo relajado, y demostrar la eficacia que tiene el relajar el cuerpo para aquietar la mente y las emociones.

Cierra los ojos y focaliza tu atención en los pies. Ahora, suelta toda la tensión de los pies. Mueve la atención hacia arriba y suelta cualquier tensión que pueda estar atrapada en las piernas. Ahora sube la atención más arriba, a las caderas, dirigiéndola del mismo modo para que suelten toda la tensión. Siente cómo la gravedad se apodera del cuerpo y presiona hacia abajo. Ahora vuelve la atención hacia los pies, para ver si algo de tensión ha vuelto a escondidas. De ser así, relaja los pies de nuevo. No des por hecho que una vez que hayas liberado la tensión, ya estás relajado. Ahora trae la atención al abdomen, soltando la tensión que mantienes guardada allí. Dirige la atención a la parte baja de la espalda y la cintura, y suelta toda la tensión que tengas allí. Trae la atención al pecho y a la espalda superior, dejando salir la tensión. Lleva la atención al cuello y a los hombros, dejando salir cualquier tensión. Ahora, cada vez que expires, pasa la atención por el cuerpo desde los pies hacia arriba, instantáneamente dejando salir cualquier tensión que descubras. Continúa haciéndolo hasta que estés satisfecho con la relajación del cuerpo. Abre los ojos al terminar el ejercicio.

Ejercicio de visión periférica

Se trata de una técnica para desarrollar el potencial de la atención con la visión difusa. Esta práctica se puede realizar individualmente o en grupo, sentado en una silla o de pie en un círculo.

1. Mira directamente delante de ti. Extiende los brazos hacia cada lado hasta donde no puedas ver tus manos. Entonces, moviendo los dedos, lentamente empieza a llevar tus brazos hacia delante hasta que de reojo notes como se mueven los dedos. Éste es el rango periférico de tu visión.
2. Ahora extiende las manos por encima de tu cabeza, y sin zarandear tu cabeza busca los dedos que se agitan mientras lentamente bajas los brazos. Cuando ves por primera vez los dedos, éste es el rango vertical de tu visión.
3. Ahora, desenfoca tu visión para abarcar la enorme área que forma tu completo campo visual, que es mucho mayor que cuando tus ojos están enfocada en objetos individuales. Mientras haces este ejercicio, asegúrate de que controlas la relajación del rostro para despejar cualquier tensión que surja. Date cuenta de que mantener la visión difusa requiere una atención de momento a momento. Sin esfuerzo, nuestra visión naturalmente tiende a enfocar en una estrecha parte del campo de visión disponible.

Ejercicio de manejo de la atención

Relaja todas las tensiones del cuerpo con el *ejercicio de drenaje*. Pon atención al rostro, a la máscara facial, tratando de detectar cualquier tensión por mínima que sea. Continúa relajándote hasta que tu respiración sea profunda y pausada. Enfoca tus ojos en un punto indeterminado de la pared, y deja que la visión se haga difusa.

A continuación, recoge toda la atención del pasado y tráela al presente. Notarás que una parte de tu atención se ha quedado trabada en ciertos eventos y experiencias del pasado. Traslada toda la atención hacia el presente, que esté contigo «aquí y ahora». Es probable que parte de tu atención esté volando por el futuro, aun cuando no sea más que una leve preocupación general por el «qué va ser de mí y de mi vida», o, «no entiendo bien este ejercicio», o, «esto me parece una pérdida de tiempo». No importa lo que sea, esa atención también debe estar «aquí y ahora». También es posible que alguna parte de tu atención esté en tus deseos personales, ambiciones, miedos, incomodidades, antojos. Tanto tus deseos como sus inseguridades y sus vanidades no deben escapar de esta captura total de su atención.

Ahora, acopia toda esta atención que has recuperado. Recuerda mantener el rostro relajado y la visión difusa. Selecciona tres objetos dentro de tu campo visual actual. Coloca tu foco de atención deliberadamente en el primer objeto. Al momento de colocar tu atención en eso, exhala —cuidando de no exhalar hasta que tu atención no esté en el objeto en cuestión—. Luego, retira la atención del primer objeto y sitúala sobre el segundo objeto, haciéndolo del mismo modo anterior. A continuación, aparta la atención del segundo objeto y adrede ponla en el tercer objeto. Y así, repita este proceso de orientar la atención, exhalar, cambiar, y reemplazar tu atención varias veces usando los mismos tres objetos.

3

ESTADOS DE LA MENTE Y NIVELES DE CONCIENCIA

Deja ir tus preocupaciones y limpia completamente tu corazón,
Como un espejo que no contiene imágenes.
Cuando queda sin formas, todas las formas quedan contenidas en él.
Ningún rostro se avergonzará de ser transparente.

Jalaludin Rumi, *Masnavi*

La conciencia es un singular del que se desconoce el plural.

Erwin Schrödinger[50]: *¿Qué es la vida?* "Epílogo"

La mayor parte de los científicos, especialmente los biólogos consideran a la conciencia en parte, como una zona de penumbra en sus investigaciones, ya que no pueden aportar ni contar con una teoría física de la conciencia que explique como la materia se convierte en mente; ni como la estructura biológica material de las neuronas se convierte en conciencia. Sospechan la existencia de cambios de materia y energía, o lo que es lo mismo, un salto cuántico que lo explicarían en términos físicos, pero no han sido capaces de detectar instrumentalmente su teoría. Obviamente, el problema radica en el planteamiento de querer, como André Maurois[51] en El *pesador de almas*, cuantificar algo que trasciende la propia naturaleza humana.

Para el mundo científico en general es difícil dar una definición apropiada de la conciencia humana, pues como dice el profesor Agustín de la Herrán[52]:

> Hoy en día puede afirmarse que, de un modo general, la conciencia no entra de lleno en el bagaje de los conocimientos de la psicología. Ésta es, junto al ego, una de las grandes cuestiones pendientes. Quizá la pendencia esté sustentada por el siguiente círculo vicioso:
>
> a) No hay una ciencia de la conciencia, entendida como aquel conjunto de conocimientos fiables, metódicamente construidos y ordena- dos, con entidad propia y relevante para el ser humano.
>
> b) Al no haber una ciencia de la conciencia, sus conceptuaciones suelen tacharse de paracientíficas, ajenas, impropias, etc., por lo que la psicología y la didáctica no asumen tal conocimiento como propio.
>
> c) Porque la psicología y la didáctica no asumen su conocimiento como propio, no existe una ciencia de la conciencia.[53]

Sin embargo, y a pesar de lo que manifiesten las «preclaras» mentes de los eruditos, nosotros no nos vamos a dejar impresionar y vamos a escudriñar hasta las profundidades del conocimiento noético tradicional para arrojar luz sobre esta cuestión que nos ocupa.

Aunque en el capítulo anterior ya hablamos de ciertos conceptos, convine ampliar el conocimiento que tenemos de ellos.

Como muchos de los lectores saben, el término mente (*noûs*) vulgarmente es utilizado como sinónimo de conciencia, aunque no todo el mundo, puesto que para algunos la mente ha tendido a ser entendida como aquella «parte» o facultad de ésta, cuya característica principal es la de actuar como su agente. Por supuesto que la mente no se opone a la materia, al cuerpo, como ciertas filosofías propugnan. Por el contrario, se trata de un producto de la evolución natural en su interacción con la estructura que las acepta, interpreta y en su caso transforma.

Aunque no se pueda constatar objetivamente, generalmente consideramos que la mente tiene dos condiciones básicas que son: «consciente» y «subconsciente», aunque esta última es susceptible de subdividir en otras varias como veremos más adelante.

Así pues, a la vista de la división establecida, «el consciente» se calcula que ocupa el 12% del volumen total del cerebro. Controla el sistema nervioso central, las acciones voluntarias de los músculos. Posee el poder del razonamiento lógico y racional. Acepta o rechaza a voluntad. Realiza el análisis inteligente, basado en: conocimiento probado, evidencias sensoriales, deducción, condicionamientos adquiridos y educación. Dichos análisis no son ajenos a las influencias del subconsciente, de tal forma que su capacidad de visión objetiva está limitada por el estado o/y nivel en que esté operando el subconsciente. Ahora bien, conviene comenzar a diferenciar el «consciente» de la «conciencia», ya que la segunda no es necesariamente una función del primero, como veremos a lo largo del libro.

Por su parte, el «subconsciente» domina el 88% de volumen total del cerebro. Controla el sistema nervioso autónomo, músculos involuntarios, órganos y glándulas, así como las funciones, sensaciones y condiciones físicas. Su razonamiento es analógico, codifica y procesa simbólicamente. Para el subconsciente no sirven los argumentos ni razones. Procesa la información a partir de otras informaciones ya aceptadas y validadas.

Ateniéndonos a la actividad neurológica cerebral, y sobre la base de lo antedicho, podemos hablar de la existencia de cuatro estados de la mente, o mejor dicho, cuatro niveles de actividad: *beta, alfa, delta,* y, *theta.*

- *Beta* es el nivel de actividad en vigilia. Equiparable con lo que ordinariamente se entiende como «estar consciente». En este estado se es capaz de razonamiento lógico y análisis de situaciones.
- *Alfa* es ya un nivel que pertenece al campo de acción subconsciente, y en él se produce el pensamiento creativo, la relajación, y el sueño[54].
- *Theta* es un nivel de quietud mental, en el que se pueden presentar sueños extraños e incluso premonitorios.
- Por último, el estado *Delta del d*ormir profundo y desconectado.

Por lo dicho párrafos atrás, conviene dejar muy claro los diferentes conceptos que nos ocupan. Así, conciencia (del latín *conscientia*, derivado de *cum*, con, y *scientia*, conocimiento) es la facultad humana que posibilita saber algo dándose cuenta de que lo sabe, o bien, tener una experiencia advirtiendo que se tiene. Es decir, percatándose de la dimensión total de la experiencia: lo que se ve, lo que se oye, se siente, huele y saborea; sin que ningún otro pensamiento disturbe la mente.

Es importante considerar aunque sea de pasada, dos formas de conciencia en los seres vivos, como nos apunta de nuevo el profesor Herrán: la «conciencia endógena» y la «conciencia exógena». La primera vendría a ser lo que llamamos inconsciente; el conocimiento que se adquiere por la experiencia del propio organismo sin necesidad de percatarse de ello. La exógena es el conocimiento que se obtiene con «el estar presente en el aquí y ahora», «el darse cuenta», y que va desde las reacciones al medio hasta las acciones voluntarias.

> Esta conciencia (exógena) tiene un mayor grado de libertad y es por lo tanto la parte que evoluciona más evidentemente hacia una mayor complejidad. Esta conciencia se manifiesta en las emociones, las ligas, los enlaces que unen los elementos de los sistemas o sociedades que forman desde los animales más primitivos hasta el hombre. Por supuesto, una vez más, a mayor complejidad de la conciencia, mayor grado de liber-

> tad; por consecuencia y como corolario, los enlaces que no son de tipo físico son cada vez más sofisticados y por lo tanto menos manejables. Los grados de complejidad de la conciencia exógena se manifiestan en los umbrales que ha cruzado en los grandes eventos críticos, estos son: el tropismo, el instinto y la inteligencia. Ahora, con el ser humano aparecen el pensamiento lógico, la intuición y la espiritualidad.[55]

Ahora bien, dicho lo anterior, es importante diferenciar «estados de la mente» de «niveles de conciencia».

Los «estados», dejando a un lado las disquisiciones filosóficas, son las diferentes frecuencias de impulsos cerebrales con las que opera la mente humana, como hemos visto líneas atrás. Esta actividad neurológica se determina a través del electroencefalógrafo, que mide las ondas en hercios, y se clasifican del siguiente modo:

1. *Beta:* 14Hz - 30Hz por segundo. En este estado el cerebro genera un mayor número de ondas de esta frecuencia. El cerebro y los sentidos se enfocan en el mundo exterior, o en los problemas concretos y específicos, procesa la información lógica y digitalmente. Podríamos decir que se trata del estado de vigilia, en el que se está alerta, despierto, y dispuesto para la acción.
2. *Alfa*: Hz - 14Hz por segundo. Estas ondas se asocian con la relajación, la calma, y la somnolencia. Este estado se puede subdividir en:
   a. REM (*Rapid Eyes Movement* o Movimiento Rápido de los Ojos) Entre 12 y 14Hz. En él se producen fácilmente las visualizaciones y sueños superficiales.
   b. *Alfa medio*. Entre 10 y 12Hz. Se pueden presentar experiencias alucinatorias, y ensoñaciones de alta intensidad emocional.
   c. *Alfa profundo*. Entre 8 y 10Hz. Similar al anterior pero de mayor profundidad.
3. *Theta:* 8Hz – 4Hz. Estado de gran serenidad y quietud mental. En el estado Theta puede presentarse imágenes *hipnagógicas*[56]. Se trata de un estado misterioso y elusivo, potencialmente productivo y satisfactorio, pero difícil de mantener.

En la meditación es el estado al que se pretende llegar, ya que conecta con niveles de conciencia acrecentados; sin embargo, es difícil de mantener sin disciplina ya que las personas suelen quedarse dormidas en cuanto comienzan a generar grandes cantidades de ondas Theta.

4. *Delta*: 0.5Hz – 4Hz. Es el estado en el que se producen las ondas cerebrales más lentas. Aquí el organismo segrega determinadas hormonas, como la del crecimiento (somatotropina —GH—) que regenera el organismo, pero también la prolactina, la adrenocorticotrópica y el cortisol.
5. Al llegar a 0Hz se considera muerte cerebral.

Por otra parte, los niveles de conciencia han sido definidos y jerarquizados por diferentes escuelas de pensamiento y por otros muchos especulativos. Obviamente, cada uno de ellos ha expresado su particular punto de vista a partir de sus investigaciones o elucubraciones.

Han sido muchos desde Carl Jung[57] a Michael Washburn[58] y Stanislav Grof[59], los que establecieron sus respectivas jerarquizaciones, con mayor o menor aproximación y relevancia. Pero lo cierto es que, cada uno llega tan lejos en sus diseños como su comprensión haya llegado. No cabe duda que la mayoría de los estudios sobre el tema tienen validez en mayor o menor grado, y seleccionar uno u otro como base para la disertación poco importa. Si analizamos un poco a estos autores y a muchos más, especialmente los que surgieron con la psicología transpersonal, nos daremos cuenta de que la mayoría de ellos han bebido de fuentes orientales, fuentes que muchas de ellas tienen más de mil años y aún siguen vigentes. Bastaría con volver la vista un poco hacia oriente para comprobar que los niveles de *desarrollo humano superior* ya tenían referencias en la filocalia[60], los gnósticos[61], los sufís[62], el budismo[63] y el chamanismo[64].

Por ejemplo, el psicólogo estadounidense Ken Wilber[65], uno de los principales teóricos de la psicología transpersonal, propone diez etapas comunes en el desarrollo de la conciencia: *Yo pleromático, Uroboros-alimentario, Yo tifónico, Yo social, Yo egóico-mental, Yo centauro, Yo sutil inferior, Yo sutil superior, Self causal inferior y Self causal superior*. Las seis primeras son fases con las que la mayoría de las personas están familiarizadas, y que van desde la inmadurez e inconsciencia de la primera infancia hasta la edad adulta madura; las otras cuatro estarían más allá de la conciencia ordinaria en las que el sujeto se percibe no solo conectado con el resto de los individuos, sino siendo uno con todo lo que es.

Pero si nos remontamos a las fuentes de las que muchos de los autores modernos han bebido, encontramos entre otros a Abu Hamid ibn Muhammad Al Gazzali[66]. Se trata de uno de los más grandes contemplativos del Islam, que influyó de sobremanera en el misticismo cristiano. Al Gazzali nos dejó plasmados los siete niveles del *desarrollo superior* o *de conciencia* que a su vez algunos se subdividen en fases internas. Él los denominó «Los siete valles»: *Valle del Conocimiento, Valle del Arrepentimiento, Valle lleno de tropiezos, Valle de las Tribulaciones, Valle de los Truenos, Valle Abismal, Valle de los Himnos.* Así mismo, Gazzali nos advierte de que, para iniciar el recorrido por los diferentes valles, antes ha de haber un auténtico anhelo de cambio y además, las necesidades básicas han de estar cubiertas.

Más recientemente, el Maestro Abdalqadir As-Sufi Al Murabit[67] escribió un texto ya clásico en la «Ciencia del viaje hacia el Rey» titulado *Los cien pasos*. Este tratado habla de las diez estaciones que comprenden el desarrollo humano hasta la realización total o absorción en lo divino. Cada una de las diez estaciones[68], Al Murabit, las divide en diez etapas (menos la primera que tiene nueve y la última solo una) que son peldaños intermedios que hay que conquistar hasta llegar a ser un Hombre Perfecto (Ishan Kamil).

También las enseñanzas búdicas nos hablan de las nueve conciencias o *vijnanas*. Las primeras cinco son las relativas a los sentidos de la vista, el oído, el olfato, el gusto y el tacto. La sexta es la función que integra y procesa los diversos datos sensoriales para formar la experiencia, identificando qué es lo que nos están comunicando los cinco sentidos. Debajo de este nivel está la séptima *vijnana*. A diferencia de esos niveles de conciencia que están dirigidos hacia el mundo exterior, esta está dirigida hacia nuestro mundo interno, siendo en gran medida, autónoma. Esta *vijnana* constituye la base de la identidad. Por debajo o más allá de la séptima, el budismo considera la conciencia ālaya u octava, que es la conciencia imperecedera o registro. Para los budistas, las siete primeras conciencias desaparecen con la muerte, la octava conciencia persiste a través de los ciclos de las reencarnaciones. La novena conciencia o *amala* es la considerada esencialmente pura y aspiración final en el proceso evolutivo humano.

Saltando a otro continente, y no por ello alejado en los planteamientos básicos de los maestros citados, nos encontramos con el chamanismo americano. La filosofía chamánica (que nada o muy poco tiene que ver con lo que se vende en revistas y páginas web *New Age*) centra el «Camino del guerrero» —como llaman a su proceso de desarrollo—, en la superación de cuatro enemigos: el miedo, la claridad, el poder y la vejez, que representan a su vez diferentes niveles de conciencia. Carlos Castaneda[69], portavoz del «brujo» yaqui mexicano Juan Matus, nos lo explica del siguiente modo:

> Cuando un hombre empieza a aprender, nunca sabe lo que va a encontrar. Su propósito es deficiente; su intención es vaga. Espera recompensas que nunca llegarán, pues no sabe nada de los trabajos que cuesta aprender.
>
> Pero uno aprende así, poquito a poquito al comienzo, luego más y más. Y sus pensamientos se dan de topetazos y se hunden en la nada. Lo que se aprende no es nunca lo que uno creía. Y así se comienza a tener miedo. El conocimiento no es nunca lo que uno se espera. Cada paso del aprendizaje es un atolladero, y el miedo que el hombre experimenta empieza a crecer sin misericordia, sin ceder. Su propósito se convierte en un campo de batalla.
>
> Y así ha tropezado con el primero de sus enemigos naturales: ¡el miedo! Un enemigo terrible: traicionero y enredado como los cardos. Se queda oculto en cada recodo del camino, acechando, esperando. Y si el hombre, aterrado en su presencia, echa a correr, su enemigo habrá puesto fin a su búsqueda.

[...] Una vez que un hombre ha conquistado el miedo, está libre de él por el resto de su vida, porque a cambio del miedo ha adquirido la claridad: una claridad de mente que borra el miedo. Para entonces, un hombre conoce sus deseos; sabe cómo satisfacer esos deseos. Puede prever los nuevos pasos del aprendizaje, y una claridad nítida lo rodea todo. El hombre siente que nada está oculto,

Y así ha encontrado a su segundo enemigo: ¡la claridad! Esa claridad de mente, tan difícil de obtener, dispersa el miedo, pero también ciega.

Fuerza al hombre a no dudar nunca de sí. Le da la seguridad de que puede hacer cuanto se le antoje, porque todo lo que ve lo ve con claridad. Y tiene valor porque tiene claridad, y no se detiene en nada porque tiene claridad. Pero todo eso es un error; es como si viera algo claro pero incompleto. Si el hombre se rinde a esa ilusión de poder, ha sucumbido a su segundo enemigo y será torpe para aprender. Se apurará cuando debía ser paciente, o será paciente cuando debería apurarse. Y tonteará con el aprendizaje, hasta que termine incapaz de aprender nada más.

—¿Qué pasa con un hombre derrotado en esa forma, don Juan? ¿Muere en consecuencia?

—No, no muere. Su segundo enemigo nomás ha parado en seco sus intentos de hacerse hombre de conocimiento; en vez de eso, el hombre puede volverse un guerrero impetuoso, o un payaso. Pero la claridad que tan caro ha pagado no volverá a transformarse en oscuridad y miedo. Será claro mientras viva, pero ya no aprenderá ni ansiará nada.

— Pero ¿qué tiene que hacer para evitar la derrota?

—Debe hacer lo que hizo con el miedo: debe desafiar su claridad y usarla sólo para ver, y esperar con paciencia y medir con tiento antes de dar otros pasos; debe pensar, sobre todo, que su claridad es casi un error. Y vendrá un momento en que comprenda que su claridad era sólo un punto delante de sus ojos. Y así habrá vencido a su segundo enemigo, y llegará a una posición donde nada puede ya dañarlo. Esto no será un error ni tampoco una ilusión. No será solamente un punto delante de sus ojos. Ése será el verdadero poder.

»Sabrá entonces que el poder tanto tiempo perseguido es suyo por fin. Puede hacer con él lo que se le antoje. Su aliado está a sus órdenes. Su deseo es la regla. Ve claro y parejo todo cuanto hay alrededor. Pero también ha tropezado con su tercer enemigo: ¡el poder!

»El poder es el más fuerte de todos los enemigos. Y naturalmente, lo más fácil es rendirse; después de todo, el hombre es de veras invencible. Él manda; empieza tomando riesgos calculados y termina haciendo reglas, porque es el amo del poder.

»Un hombre en esta etapa apenas advierte que su tercer enemigo se cierne sobre él. Y de pronto, sin saber, habrá sin duda perdido la batalla. Su enemigo lo habrá transformado en un hombre cruel, caprichoso.

»Un hombre vencido por el poder muere sin saber realmente cómo manejarlo. El poder es sólo una carga sobre su destino. Un hombre así no tiene dominio de sí mismo, ni puede decir cómo ni cuándo usar su poder.

»[...] Tiene que desafiarlo, con toda intención. Tiene que llegar a darse cuenta de que el poder que aparentemente ha conquistado no es nunca suyo en verdad. Debe tenerse a raya a todas horas, manejando con tiento, y con fe todo lo que ha aprendido. Si puede ver que, sin control sobre sí mismo, la claridad y el poder son peores que los errores, llegará a un punto en el que todo se domina. Entonces sabrá cómo y cuándo usar su poder. Y así habrá vencido a su tercer enemigo.

»El hombre estará, para entonces, al fin de su travesía por el camino del conocimiento, y casi sin advertencia tropezará con su último enemigo: ¡la vejez! Este enemigo es el más cruel de todos, el único al que no se puede vencer por completo; el enemigo al que solamente podrá ahuyentar por un instante.

»Este es el tiempo en que un hombre ya no tiene miedos, ya no tiene claridad impaciente; un tiempo en que todo su poder está bajo control, pero también el tiempo en el que siente un deseo constante de descansar. Si se rinde por entero a su deseo de acostarse y olvidar, si se arrulla en la fatiga, habrá perdido el último asalto, y su enemigo lo reducirá a una débil criatura vieja. Su deseo de retirarse vencerá toda su claridad, su poder y su conocimiento.

»Pero si el hombre se sacude el cansancio y vive su destino hasta el final, puede entonces ser llamado *hombre de conocimiento*, aunque

> sea tan sólo por esos momentitos en que logra ahuyentar al último enemigo, el enemigo invencible. Esos momentos de claridad, poder y conocimiento son suficientes.[70]

Cuando definimos en el capítulo anterior, mente y conciencia, dije, que metafóricamente hablando, la mente es tan sólo un vehículo para la conciencia, o lo que es lo mismo, una suerte de «mecanismo» orgánico para que ésta se manifieste. También dije que, la competencia de la mente se expresa como «pensamiento», y su resultado principal es la experiencia de la cual la conciencia extrae valores y significados resolviendo continuamente en el instante.

Dicho lo anterior, en términos generales, los niveles de consciencia pueden definirse en función de la capacidad derivada de los respectivos estados mentales. Estos niveles de conciencia pueden ser identificados subjetivamente por el individuo, o por un observador ajeno, como diferentes del estado «normal» del sujeto, ya sea por alteraciones psicológicas o variaciones de la vigilia. Siguiendo las directrices de profesor Stanley Krippner[71], es posible detectar como los más comunes y aceptados, los siguientes niveles de conciencia diferentes[72]:

1. Consciencia «normal». Correspondería a la función que realiza la mente en estado de vigilia (Beta + 14Hz) caracterizado por el pensamiento lógico, intencionalidad, racionalidad, relación causa-efecto e impresión de que uno controla su propia actividad mental.
2. Sueño (no confundir con ensoñación). Primera fase del estado Alfa (12 y 14Hz) en la que se presentan períodos REM.
3. Dormido: Ausencia de REM y aparición gradual de ondas cerebrales más lentas entre 12 y 8Hz.
4. Hipnagógico. Transcurre al filo de los 13-14Hz entre despierto y el sueño, se da al comienzo del ciclo dormir-soñar. Generalmente se caracteriza por una imaginería visual y, en ocasiones, algunas impresiones auditivas. Es diferente de la conciencia del dormir y el soñar.
5. Hipnopómpico: Lo experimentamos en la última fase del sueño nocturno, entre el dormir y el despertar, cuando co-

menzamos a incorporar algunas ondas cerebrales *beta*. Puede haber imaginería visual y auditiva, parecida al estado anterior. Es un estado de conciencia en el que se dan intuiciones valiosas.

6. Hiperalerta: Actividad cerebral por encima de los 16-18Hz. Se distingue un exceso de adrenalina en el organismo. Este nivel de hiperestimulación se puede inducir por medio de drogas (anfetaminas, cocaína, etc.), actividades peligrosas, deportes de riesgo, o en situaciones bélicas.
7. Letárgico. Nivel de consciencia propio (o próximo) a estados de ánimo depresivos o de carencias orgánicas (fatiga, falta de sueño, deshidratación, desnutrición, hipotensión, exceso de glucosa en sangre, por drogas como el hachís).
8. Rapto: Caracterizado por una fuerte carga emocional evaluada subjetivamente como estimulante y positiva. Suele presentarse provocado por la excitación sexual de alta intensidad, danzas frenéticas, rituales orgiásticos como el *vudú, umbanda, candomblé*[73], etc., rituales iniciáticos, en ceremonias religiosas como las pentecostales, y, por supuesto, por medio de ciertas drogas alucinógenas.
9. Histeria: Es producido por una emoción intensa evaluada subjetivamente como negativa y destructora. Puede ser originado por el pánico, la furia, el terror, el miedo a potencias demoníacas, temor de ser embrujado o poseído, por la actividad violenta de multitudes como el linchamiento, las persecuciones frenéticas, por ansiedad psiconeurótica o por ciertas drogas.
10. Fragmentación: Situación de desintegración de la personalidad. Se trata pues de psicosis, psiconeurosis, disociación, personalidad múltiple, amnesia (sea esta parcial o del pasado total). Puede tratarse de trastornos temporales o de larga duración, provocados por ciertas drogas, traumas, depresión, algunos tipos de esquizofrenia, privación de sueño, e hipnosis.
11. Estados regresivos: Se trata de procesos en los que la persona presenta una conducta inapropiada respecto a su edad psico-física cronológica. Puede tratarse de estados temporales

inducidos por drogas, hipnosis, regresiones, *rebirthing*[74]; o estados de larga duración como ocurriría con un sujeto que sufra de alguno de los varios tipos de demencia senil.

12. Estados meditativos: Se caracterizan por una actividad mental mínima, ausencia de imaginería visual y presencia de ondas *alfa* de baja frecuencia continúas en el electroencefalograma. Pueden originarse por ausencia de estímulos externos, como la flotación en un tanque de agua, o por técnicas meditativas de yoga, budismo, zen u «oración del corazón»[75].
13. Trance: Estado *alfa* en el que hay ausencia de ondas continúas en el electroencefalograma. Sus características más significativas son: hipersugestionabilidad activa; vigilancia y concentración de la atención en un estímulo único sin responder a otros; registro de las sugestiones posthipnóticas. Estos estados se alcanzan a través de la hipnosis, observación prolongada de un metrónomo o estroboscopio, a través de *mantras*, cánticos rituales monosónicos, prácticas mediumnicas, ciertas danzas tribales, voz monocorde de un orador, etc. También puede ocurrir por el desempeño de algunas tareas demasiado monótonas, como manejar un trineo a través de la nieve por varias horas, observar una pantalla de radar, fijar la atención en la línea blanca de una autopista mientras se conduce.
14. Ensoñación: Se presenta en la fase REM naturalmente varias veces durante el periodo nocturno del dormir. En ocasiones puede acompañar al estado de trance.
15. Soñar despierto: Se producen pensamientos que se suceden rápidamente y que no tienen relación con el ambiente exterior. Es una fase similar a la anterior pero con los ojos abiertos o cerrados. Puede sobrevenir en situaciones de silencio y la soledad, privación sensorial, insomnio, etcétera.
16. Estado reflexivo o de examen interior: Cuando la atención se enfoca internamente y hay percepción sensaciones corporales de los órganos, tejidos, músculos, etc.
17. Estupor: Es el estado que se asocia a una capacidad suspendida o muy reducida de percibir los estímulos. Es posible la

actividad motora, pero su eficiencia está muy mermada; el lenguaje se expresa de manera dificultosa y, a menudo, lo que se dice es carente de significado. Puede ser provocado por ciertos tipos de psicosis, por compuestos de opio o por dosis excesivas de alcohol.

18. Coma: Hay incapacidad total de percibir estímulos. Muy poca o ninguna actividad motora, no hay posibilidad de utilización del lenguaje. Puede ser provocado por un estado agónico, agentes tóxicos, ataques epilépticos, traumas del cerebro, deficiencias glandulares.
19. Remembranza profunda: Se trata de estado mental en el que es posible acceder a los registros más recónditos de la memoria. Una experiencia pasada no siempre es posible recordarla a través consciencia reflexiva de la persona. Sin embargo, los registros de sucesos pasados (engramas) siempre constan en algún nivel del subconsciente. A este estado de recuerdo o recuperación de registros antiguos, se pueden llegar mediante los estímulos químicos o eléctricos de la corteza cerebral, por hipnosis, asociación libre en tratamiento psicoanalítico o, incluso en ocasiones, pueden surgir espontáneamente.
20. Consciencia expandida: Este es el nivel de conciencia que más nos interesa para los fines del trabajo que enseñamos. Se caracteriza con un umbral sensorial diferente y una modificación de las formas comunes de percepción externa e interna. Es poco frecuente que se presente espontáneamente, lo habitual es que sobrevenga como resultado de un largo proceso de trabajo interno (meditación, o uso experimental de drogas psicotrópicas o plantas alucinógenas). En raras ocasiones se trata de una expansión extrema, sino que se presentan progresivamente en cuatro niveles diferentes:
    a. Sensorial: aparecen alteraciones de espacio, tiempo e imagen del propio cuerpo.
    b. Reflexivo-analítico: nuevas ideas y pensamientos emergen relacionándose con la concepción del mundo y el pa- pel que desempeña el sujeto dentro de él.

c. Simbólico: se presentan símbolos míticos y arquetípicos.
d. Integral: este nivel lo alcanzan pocos individuos. Se trata de una experiencia mística real de la presencia de Dios (de la Conciencia Universal, o del Yo Superior). En este estado de conciencia el sujeto tiene la impresión subjetiva de disolverse en un campo de energía cósmica.

21.Estado de liberación: Es el estado menos conocido en la cultura occidental actual y el más difícil de describir. Es la disolución total del locus del yo. Se le llama también «estado de despierto» o «estado de perfección» —(*Talwin*)—. Resulta difícil describir el contenido del «estado de liberación»; incluso los místicos que afirman haberlo experimentado, raramente aseguran haber llegado a él por su propia voluntad o esfuerzo deliberado. Se trata pues más de un don que de una adquisición. En lo único en lo que concuerdan todos es en su naturaleza inefable: la imposibilidad de traducirlo en palabras. El estado de liberación no tiene comparación con la dimensión de la vida ordinaria y no puede ser descrito sin distorsionarlo. Es el Gran Vacío, La Nada Divina, el Ser Incondicionado, la Iluminación Total. Aldous Huxley[76] dijo de este estado que era «la mente en toda su amplitud en la que se resuelven todas las contradicciones». El Lankavatara Sutra[77] describe la experiencia de la iluminación como «una transformación completa en la misma esencia de la conciencia».

Según el misticismo cristiano —si Dios quiere—, el creyente podrá alcanzar una unión mística o éxtasis, experiencia más divina que humana que resulta de un goce inexplicable, incomunicable por entero, sino sólo de forma metafórica por medio de la palabra, o analógicamente mediante simbolismos. Así describe Santa Teresa de Jesús este tipo de experiencias:

> Y es tanto lo que se emplea el alma en el gozo de lo que el Señor la representa, que parece que se olvida de animar el cuerpo. (...) No se pierde el uso de ningún sentido ni potencia, pero todo está entero para emplearse en Dios solo. De este recogimiento viene algunas veces una quietud y paz interior muy regalada, que está el alma que le parece que no le falta nada.

Este nivel de conciencia supone una vivencia íntima del hombre que pretende acceder al conocimiento de la Realidad última. Como Santa Teresa[78], San Juan de la Cruz, a través del éxtasis místico, también tomaba contacto con lo que él denominaba «subido sentir de la divina Esencia», es decir, con la Luz de Dios, con la «oscuridad superluminosa» de la que también hablaba Psudo-Dionisio Areopagita[79]. San Juan, en ese proceso místico de elevación a la Luz divina, llegó a tomar conciencia de que lo religioso no deja de ser sino una construcción humana y que es necesario incluso despojarse de ella para que solamente con la fe desnuda alcanzar la fusión mística con Dios. Veamos cómo explica el místico abulense la experiencia del «estado de liberación»:

Entréme donde no supe,
y quédeme no sabiendo,
toda sciencia trascendiendo.
Yo no supe dónde entraba,
pero, cuando allí me vi,
sin saber dónde me estaba,
grandes cosas entendí;
no diré lo que sentí,
que me quede no sabiendo,
toda sciencia trascendiendo.
[...]
Y si lo queréis oír,
consiste esta suma sciencia
en un subido sentir
de la divina Esencia;
es obra de su clemencia
hacer quedar no entendiendo,
toda sciencia trascendiendo.[80]

En «estado de liberación», la mente unificada y clara ya no pretende fraccionar la realidad escindiéndola o cristalizándola en una forma. Lo que hace es todo lo contrario, fluye en una dinámica universal de la que forma parte. Parece ser, que la noción de fluir es otra analogía para describir el «estado de liberación»; se podría hablar de una agradable sensación de absorción en «algo» misterioso e indefinible, sin limitaciones espacio-temporales que proyecta la consciencia ordinaria.

Cuando el hombre penetra las esferas de la conciencia expandida comienza el reconocimiento de su propia «esencia», entonces, y solo entonces, está en disposición de reconocer su autentico yo, su rostro adánico.

> Conciencia, en sentido propio, riguroso, y conciencia de lo infinito son sinónimos; conciencia limitada no es conciencia; la conciencia es esencialmente universal, naturaleza infinita. La conciencia de lo infinito sólo puede ser conciencia de la infinitud de la conciencia. Con otras palabras, en la conciencia de lo infinito, el hombre consciente tiene por objeto la infinitud de su propia esencia.[81]

4

IDENTIDAD Y ESENCIA

No se da jamás en la naturaleza que dos Seres sean perfectamente el uno como el otro, o en los que no sea posible encontrar una diferencia interna o fundada en una denominación intrínseca.

Gottfried Wilhelm Leibniz[82]: *Monadología*, 9

Podemos empezar diciendo que la identidad es un concepto que el hombre ha pretendido definir desde la más remota antigüedad con no demasiado éxito. Se trata de un conocimiento tan profundo y tan próximo al espíritu que no es susceptible de racionalizar.

Etimológicamente, identidad deviene del latín tardío *identitas-atis,* (siglo XV) como derivado artificial de *idem* para traducir el término griego ταὐτότης (tautótês); que significa «cualidad de idéntico»; diciéndose de este lo que en sustancia y accidente es lo mismo que otra cosa con que se compara.

Ciertamente, poco nos aclara esta definición ya que generaliza en extremo, refiriéndose a comparaciones entre cosas, tema que para el fin que nos ocupa no viene al caso. Nuestro propósito es conseguir precisar el contenido de uno de los niveles lógicos más importantes del ser humano en su proceso de desarrollo como persona.

La identidad implica el conocimiento de sí (la noción de ser), de la conciencia del yo en cuanto a existencia inmutable y perdurable a través de las edades, los cambios, los ambientes y los conflictos psicológicos. La identidad traspasa el plano mental y, por lo tanto, entra dentro de lo abstracto y filosófico. Sin embargo, no por ello vamos a dejar de buscar una aproximación a su significado. En lengua inglesa la identidad se expresa como *self*, concepto equiparable al castellano «sí mismo», que son mucho más completos que el pronombre personal «yo».

Una primera definición nos aproxima a la idea de conciencia del *self*, en cuanto éste perdura a través de los cambios que la persona experimenta y las alteraciones psíquicas que pudiera sufrir.

Cada ser humano es único, como bien dijo el filósofo del diálogo Martín Buber[83]:

> En este mundo cada persona representa algo nuevo, algo que nunca ha existido todavía, algo único y original. Es deber de cada uno el saber que nunca ha existido en el mundo nadie semejante a él, porque si hubiese existido alguien semejante a él, ya no sería necesaria su existencia. Cada persona en el mundo, es una cosa nueva y está llamada a realizar su peculiaridad. Y eso es, precisamente, lo que cada persona tiene que defender de sí misma.

La identidad no es un logro absoluto, sino que se desarrolla progresivamente dura toda la vida. En cada etapa el individuo se enfrenta con una tarea específica, siendo el resultado un logro o un fracaso. El fracaso en una tarea de las implicadas en el proceso de construcción de la identidad compromete a todas las demás. Este trabajo se realiza en un medioambiente social, siendo favorecido o dificultado en función de la solidez alcanzada en ese nivel básico. Así pues, los logros son siempre producto de:

a. El modo como el ambiente —personas (padres, profesores, compañeros), momento (edad) y el entorno físico— influye en el «sí mismo».
b. El modo como el «sí mismo» reacciona ante el ambiente (especialmente a partir de la consolidación de los niveles de capacidades y creencias).

Pero el factor más importante dentro del proceso es el compromiso que cada uno esté dispuesto a tomar; de ello va a depender lo que será la identidad al final del proceso.

Para alcanzar esa firmeza final la «Identidad Personal» debe sustentarse en cuatro pilares:

1. La estabilidad. Aunque hay una evolución a lo largo de la vida, la persona mantiene una continuidad consigo misma, sea o no consciente de ello. Cualquier sujeto puede llevar a cabo modificaciones cruciales en su personalidad, pero en esencia siempre seguirá siendo el mismo.
2. Referida a un mundo. Cada individuo por naturaleza pertenece a diferentes grupos de distinto ambiente. Cada uno de ellos, con un sentido peculiar y un significado especial que le viene dado por el entorno social.
3. La identidad se afirma en la relación interpersonal. La naturaleza humana es similar en todos nosotros, por lo tanto, nos parecemos, tenemos rasgos físicos comunes, pero también una forma de ser y pensar similar, y una manera análoga de relacionarnos con el mundo y con las personas. Es por eso por lo que los vínculos con los padres, en la formación de la identidad, es muy importante.
4. Es producto dependiente tanto de la sociedad como de la acción de la propia persona. La influencia es recíproca: sociedad-persona, persona-sociedad. No solo depende de las personas que nos rodean, sino que también, nuestras acciones influyen bastante en la formación de nuestra identidad.

Nuestra identidad también obedece a varios factores y cómo nos relacionamos con ellos. Entre los más importantes podemos considerar los siguientes:

a. Identidad y desarrollo fisiológico. El propio cuerpo es el primer elemento a tener en cuenta en la formación de nuestra identidad. Actualmente existen una cantidad de ofertas que promueven una especie de culto al cuerpo. Cada vez más, los jóvenes y adolescentes de ambos sexos son más exigentes con su cuerpo. Esto se debe a que muchos de ellos creen que la popularidad está ligada a su atractivo físico. A pesar de todos los nuevos patrones que se imponen día a día, lo más importante no es el aspecto de nuestro cuerpo, sino lo que nosotros pensamos de él.
b. Identidad y sexualidad. Los roles sexuales son las formas de conducta que se adscriben socialmente a las personas en función de su sexo. En otras palabras, es lo que se espera que haga una persona solo por el hecho de haber nacido hombre o mujer. Las presiones sociales existen. Sin embargo, son fuerzas que debemos tener en cuenta para entender a las personas, ya que somos distintos y valoramos de distintas maneras esas presiones y actuamos en consecuencia. La identidad sexual es si tú mismo te percibes y te sientes como tal; es decir, como mujer u hombre, independientemente de si estás de acuerdo con las conductas y condiciones que socialmente se adscriben al papel sexual femenino o masculino.
c. Identidad y actuación. «Somos como pensamos», dijo el Buda, hace más de 2.500 años, y nosotros afirmamos que «decimos y actuamos como pensamos». Aunque no siempre seamos lo que actuamos, si es verdad que la mayor parte del tiempo actuamos como lo que somos. Lo bueno de esto es que, sobre nuestras actuaciones sí tenemos nosotros el control. Debemos de recordar que mucho de lo que hagamos ahora, y de la forma en que lo hagamos dependerá lo que seamos el día de mañana.
d. Identidad y sociedad. Los condicionamientos sociales y familiares, es decir, lo que los otros, cercanos a nosotros, espe-

ran y desean que nosotros seamos. También son elementos que debes tener en cuenta para forjar tu propia identidad. Por un lado, lo que el grupo social cree que pueden ser nuestras posibilidades y por otro, lo que nosotros hacemos, nuestros actos con respecto a lo que ellos piensan. Sin embargo, no todos somos iguales ni nacemos con las mismas posibilidades. Es importante que cada ser humano consiga su propia identidad, es decir, su propia manera de ser, de pensar y de hacer, como consecuencia de las potencialidades que hay en su interior.

Identidad y personalidad

La identidad constituye la base de la personalidad, esto es, que esta carecería de expresión en ausencia de la primera. No resulta nada sencillo dar una definición clara de personalidad cuando las propias escuelas académicas de Psicología no se ponen de acuerdo sobre el tema.

Mientras que, para Lersch[84], es «la forma fundamental del ser humano»; para Wellek[85], se trata «del ser psíquico global en su realidad única e irrepetible». No cabe duda de que cada tendencia ofrece su particular enunciación del tema. Incluso Santo Tomás[86] se refería a ella como «la condición o el modo de ser de la persona». Sin embargo, fue Nietzsche[87] quién se aproximó más al sentido dominante que le adjudicamos hoy, diciendo: «... algunos hombres se componen de más personas y la mayor parte no son personas en absoluto. Por doquier predominan las cualidades medias que importan a fin de que un tipo se perpetúe, ser una persona sería un lujo... Se trata de representantes o de instrumentos de transmisión.»

Dentro de las actuales tendencias psicológicas, la que más se acerca a nuestra idea es la vertida por H.J. Eysenck[88]: «La personalidad es la más o menos estable y duradera organización del carácter, del temperamento, de la mente y del físico de una persona, organización que determina su adaptación al ambiente.» El ya mencionado autor se refiere al carácter como al conjunto de comportamientos voluntarios, al temperamento como al control emocional, a la mente como inteligencia y al físico como cuerpo y sistema endocrino.

Por parte de la PNL, hasta ahora, se ha venido usando, por la mayoría de los practicantes, los modelos tipológicos de Virginia Satir[89] para definir y abordar los trabajos relativos en esta área. Sin embargo, en mi labor profesional he venido detectando la escasa —en mi opinión— validez de los modelos tipológicos de Satir en trabajos individuales, sin menoscabo, obviamente, de que sean útiles para terapia de familia y/o sistémica. Por este motivo, comencé una labor de búsqueda de un modelo que ayudara en el abordaje terapéutico desde la estructura completa de la realidad individual o de su personalidad. Investigué en las diferentes teorías tipológicas —Freud, Jung, Briggs-Myers[90], etc.—, encontrando aspectos interesantes para desarrollar el trabajo, pero que resultaban demasiado restrictivas. Por fin, hace bastantes años tomé contacto con el «Eneagrama»[91], un método ancestral que, pese a su complejidad, me aportaba todo lo que echaba de menos en los otros sistemas.

No es fácil definir lo que comúnmente llamamos personalidad, a pesar de las aproximaciones ya planteadas. Si nos atenemos a las definiciones escolásticas la describiríamos como apunta el *Diccionario de Psicología* de Friedrich Dorsch, como persona, y ya no entra en más definiciones. Si recurrimos al diccionario ideológico de la lengua[92] nos encontramos: «Particularidad que distingue a una persona de todas las demás». Filosóficamente: «Conjunto de cualidades que constituyen a la persona o supuesto inteligente.» Esta podría ser una aproximación para tomarla como punto de partida.

Con el fin de situar al lector en los aspectos básicos de esta metodología que he incorporado (como otros autores e investigadores de PNL) al trabajo de *coaching* y terapia con programación neurolingüística, voy a exponer brevemente los fundamentos que creo que conforman la personalidad y que tienen su base en el Eneagrama.

En la teoría del Eneagrama se considera que todo individuo posee una naturaleza esencial o «esencia» y una personalidad adquirida a lo largo de la vida a la que llamamos «ego». La esencia vendría a ser como la potencia pura que nos es propia. Algo así como la parte divina que poseemos y con la cual nacemos, y que una vez que nos vamos condicionando, acumulando mecanismos de defensa —creencias y valores materiales—, la revestimos de una falsa imagen a la que llamamos personalidad o ego. La personalidad se desarrolla e incluso, podría decir que es necesaria para sobrevivir en este mundo y, en cierta medida, es la protectora de la esencia; claro está, siempre que no lleguemos a creer que el ego es lo que realmente somos. Existe un dicho de la tradición de Oriente que resumiría perfectamente estos dos conceptos: «Cuando aprendas a distinguir el recipiente del contenido, habrás alcanzado el Conocimiento». Muy bien el recipiente podría ser la personalidad y el contenido la esencia.

En el propio proceso de crecimiento y desarrollo orgánico y mental, que vivimos todos los seres humanos, se va produciendo una programación que nos condiciona a experimentar el mundo de una forma limitada y condicionada. A medida que el hombre crece va perdiendo su contacto con la esencia como consecuencia de los filtros adquiridos desde la infancia. Poco a poco comienza a sentir un cierto vacío que le genera una insatisfacción permanente. Ese vacío lo va llenando con ciertos valores, creencias, criterios, metaprogramas y todo tipo de condicionamientos, la mayoría de todo ello inconscientemente. Más adelante, y una vez consolidada la personalidad, se recubre de otros aspectos aún más falsos para seguir ocultando —esta vez lo que no nos agrada de nuestra personalidad— y construyendo en torno a la primera una «falsa personalidad» —bastante consciente– que es la imagen que quiere que los demás vean de él.

Esta ancestral visión del hombre nos sugiere que existen nueve naturalezas esenciales básicas, y que la pérdida o desconexión con las mismas es lo que va haciendo que la personalidad surja, crezca y domine como la única forma conocida de procurar llenar ese vacío que experimentamos. Esos nueve tipos

—que en realidad, son combinaciones de los nueve tomados de tres en tres— surgen de la presuposición de que en todos los seres humanos existen tres centros básicos de transmutación y generación de energía que canalizan y responden a su manera de las facultades que le son propias. Estos centros son: los de la preservación de la especie, de la preservación individual y de la conciencia (razón), que, respectivamente, manejan y controlan las energías reactivas, las conductuales (acciones-emociones) y la conciencia.

Cada uno de los tipos (eneatipos) se encuentra emplazado en uno u otro de estos tres dominios energéticos. No quiere decir esto que no utilice los otros dos, sino que, primariamente, usan su centro dominante supeditando los otros dos a él. De este modo las características de la personalidad están impregnadas de la energía del centro que le corresponda. El centro reactivo posee como energía esencial «la templanza» o «sobriedad», aunque cargado de «miedo» cuando está dominado por su ego. El centro comportamental está sobreactivo en la búsqueda de reconocimiento y dominado por la «rabia», al haber perdido el contacto con su energía esencial: la «entereza», la «honestidad» y el «coraje». Y por último, el centro conciencia queda supeditado a la «tristeza» por su desconexión con la «prudencia» y la «sabiduría». Cuando la energía de estos centros se encamina a la autosatisfacción e incremento excesivo de la personalidad egótica, esta se transforma en desequilibrio, vicio, pasión, fijaciones, compulsiones, etcétera.

El trabajo dentro del proceso de evolución humana consiste en identificar lo que podríamos llamar nuestro «rostro egótico», que equivaldría a lo que conocemos como personalidad, e ir tomando conciencia de esas respuestas inconscientes o automáticas que nos dominan para poder corregir sus desviaciones. Una vez que hemos identificado el eneatipo o personalidad global, habremos dado el primer paso para el autoconocimiento. Seguidamente procuraremos ir eliminando las conductas ineficientes que nos son características, las pasiones que nos dominan e ir transformándolas en virtudes, y las fijaciones que condicionan nuestro pensamiento en ideas sanas tendentes a niveles de conciencia transpersonales o espirituales. En todo este proceso de transformación es donde interviene la PNL, facilitando las herramientas más idóneas para que los cambios remediativos (aunque no sean suficientes), los generativos y los evolutivos puedan tener lugar.

Por tanto, el primer paso, en un tratamiento completo e integral, es determinar el eneatipo o personalidad del sujeto y qué es lo que dentro de ella impide que se desarrolle como ser humano (que enferme o que se manifieste conductualmente deficiente)[93].

Concluyendo, podríamos definir la personalidad como el conjunto de valores a los que se tiende en la vida, a la red de creencias (conscientes y subconscientes) que sustentan esos valores. Y no solamente sobre estos, sino también sobre las que posee con respecto a cada uno de los niveles y a los programas (estrategias, metaprogramas y criterios) con los que genera sus estados internos desencadenantes de conductas. Por tanto, la personalidad es algo así como la estructura individual de los niveles lógicos[94] que cada persona tiene.

Dicho lo anterior, lo que a nosotros nos interesa es llegar a meollo del asunto, comprender, con la mayor objetividad posible, cual es el sentido y la realidad del hombre. Por eso, lo que nos toca ahora es distinguir los tres conceptos básicos de este tema: identidad, personalidad y esencia. Ya hemos hablado de las dos primeras, ahora le toca el turno a la esencia.

Esencia (o *Quiddidad)* es el conjunto de rasgos por los que una cosa es lo que es. Indicamos la esencia de una cosa cuando nos referimos a los rasgos que la distinguen y la separan de otras, como cuando decimos que la esencia del hombre (genéricamente hablado) es «animal racional». La esencia se contrapone al accidente, en el sentido de que los accidentes son las características que una cosa tiene pero que podría no tener sin dejar de ser lo que es. En consecuencia, la esencia de una persona es lo que le distingue de todos los demás, es la parte inmutable de sí mismo, aquello que lo hace único y que perdura más allá de la forma y del tiempo.

Por ejemplo, si preguntamos: ¿Cuál es la esencia de la rosa? Ciertamente sabemos que no es su aspecto, hoy es fácil fabricar una flor de plástico similar pero carente de esa esencia. Hay muchas formas y variedades de rosas, pero cuando vemos una, la olemos y la tocamos, sabemos que es una rosa. Sus espinas tampoco son la esencia de la rosa, los cactus tienen espinas y son bien diferentes. El olor, tampoco es, resulta posible sintetízalo en un laboratorio, como su color. Entonces, ¿cuál es la esencia de la rosa? Sin duda, se trata de ese «algo» intangible que la hace única e irrepetible y del que participan: forma, color, olor, sustancia y accidente.

Es por ellos, por lo que la filosofía aristotélica distingue la esencia de la existencia. Podemos conocer la esencia de algo sin saber aún si ese algo existe, en consecuencia, consideramos acertado afinar que, esencia y existencia, son dos principios distintos.[95]

Para entender fárrago de conceptos: cuerpo, mente, conciencia, personalidad, identidad y esencia, utilizaré una metáfora para que lo comprendamos mejor. La figura de dicción que emplearé es la del carruaje, tan manejada por Gurdjieff y Ouspensky en sus conferencias, aunque con sutiles deferencias. Imaginamos una carroza, tirada por un caballo, guiada por un cochero desde el pescante, a las órdenes de un señor que viaja en su interior. Así, recurriendo al símil, podemos decir que: el vehículo es el cuerpo, la parte física del individuo; el caballo es el aspecto emocional o psicológico; el cochero sería la conciencia que controla y cuida del carro y el caballo; y por último, el señor, que viaja en el interior, es la esencia, quien sabe adónde debe ir y cómo. Podríamos asemejar la personalidad a los colores, adornos y uniformes con los que hemos acicalado el carro, al equino y al postillón para que llamen la atención a encajen en un ambiente determinado. La identidad sería lo que pertenece propiamente al vehículo en cuestión; en este caso es un transporte de viajeros particular, diferente de un carro de carga o un correo público. Para que el carruaje tenga la funcionalidad que le corresponde, el carromato ha de estar cuidado, limpio y en buenas condiciones, el caballo debe estar sano y bien alimentado, el cochero ha de ser un profesional equilibrado, atento y responsable, y el amo, deber estar despierto y alerta.

En consecuencia, el cochero, si se mantiene *vigilante*, *atento*, y, *consciente*, estará en disposición de captar los sutiles mensajes y leves indicaciones que su jefe le transmite. Del mismo modo, debe haber domado adecuadamente al caballo para que responda diligentemente y en la dirección indicada a los toques que le dé con las bridas. También el carruaje necesita de un cuidado y una esmerada dedicación, para que las ruedas, ballestas, asientos y demás componentes, estén adecuadamente engrasados y limpios facilitando así una rodadura y un transporte cómodo y apropiado. Por el contrario, si el mayoral se encuentra borracho o es un irresponsable, el caballo está famélico e impotente y la calesa destartalada, el amo se bajará de coche o se tomará un somnífero para no sufrir en el trayecto, dejando al azar el destino final del viaje.

5

AUTOOBSERVACIÓN Y CONCIENCIA DE SÍ

Este jardín donde estoy
siempre estuvo en mí. No existo.
Tanta vida, tal conciencia,
borrar mi ser en el tiempo.
Conocer la obra de Dios
es estar con Él.
Manuel Altolaguirre[96]
Últimos poemas, "Eternidad"

La pregunta que cabría hacerse ahora sería: ¿qué se necesita para conservar la atención, para mantenernos despiertos y, consecuentemente, alcanzar la conciencia de sí para ser conscientes de las indicaciones de la esencia?

Ya he hablado de la *autoobservación*, de la que facilitaré algunas indicaciones prácticas para poder llevarla a cabo adecuadamente. Pero antes de nada, es necesario que asumas la existencia en ti de multitud de «yoes» que te coartan, que han surgido como virus que te han infectado desde la sociedad, desde los medios de comunicación y desde la educación recibida. Todo condicionamiento humano del tipo que sea es un filtro distorsionado que impide ver la realidad tal y como es. Para oír la realidad interior, para acallar las insistentes voces de tus «yoes» debes liberarte de las monsergas, los diálogos internos y los embotamientos que dificultan e impiden apreciar esa otra presencia profunda que es la expresión de tu esencia.

El hombre común se pasa la vida pensando, pero no me refiero al ejercicio ordenado de razonar, sino al automatismo incontrolado de flujo mental. La mayoría de los humanos pasan el día dialogando con ellos mismos, una especie de círculo vicioso del que difícilmente salen. A ese proceso inútil lo llamamos «diálogo interno», vulgarmente conocido como «darle vueltas al coco» o «comerse el tarro». Es una especie de salmodia que provoca y mantiene a la persona en estado de trance, *dormida*.

Bien, pues para *autoobservarte*, para ser capaz de enfocar correctamente la atención y, de ese modo, empezar a ser consciente de sí es imprescindible detener el diálogo interno y dejar en silencio la mente. No se trata de «no pensar» como algunos dicen ni tampoco que todo en nuestro interior quede en blanco ni siquiera que visualicemos un color en particular —blanco, negro u otro. La mente en ese estado de serenidad se encuentra inactiva pero no vacía —en el sentido estricto del término—, está libre de procesos razonados, permitiendo que sea el resto de nuestro ser quien perciba. Cuando paramos el «diálogo interno», la mente queda en suspenso, y es en ese momento cuando estamos en condición de asumir el control de nosotros mismos. Por supuesto que no es tarea fácil y que llevará tiempo, años, no te quepa duda. Pero al final, verás como mereció la pena el esfuerzo y la disciplina.

«Para que un recipiente pueda ser llenado, primero ha de vaciarse».[97]

Mientras los circuitos neurológicos se encuentran frenéticamente activos y en tensión máxima, filtrando, distorsionando y bloqueando cualquier información procedente del interior y exterior, nada diferente puede ocurrir. Probablemente, el tema de «parar el diálogo interno» sea uno de los más complejos del trabajo en cualquier camino de la evolución y desarrollo espiritual. La dificultad estriba en el hecho de que mantener permanentemente el diálogo mental con uno mismo suele considerarse como una condición consustancial con la naturaleza humana. Esa afirmación está completamente alejada de la realidad ya que, por la misma razón, como tenemos movilidad en los dedos de la mano deberíamos moverlos todo el tiempo. Sin embargo, es evidente que, cuando los dedos no cesan de moverse, denotan la existencia de alteración fisiológica y, en consecuencia, se requiere un tratamiento médico. Lo mismo ocurre con el pensamiento (que es una facultad como el movimiento de los dedos), que seamos capaces de pensar no exige que haya que hacerlo constantemente e incluso inconscientemente. Y, si eso ocurre, también es un síntoma de alteración, en este caso psíquica, cuya máxima expresión es la esquizofrenia.

Existe la absurda creencia que solo los muertos no piensan, que el vacío mental es imposible o contraproducente e inútil. Esta falsa idea es alimentada en la cultura occidental por el simple hecho de que los métodos empleados para conseguir parar el pensamiento han fracasado por no ser apropiados. Ciertamente, mantener la mente en el vacío no se alcanza instantáneamente, requiere práctica y constancia, pero se puede conseguir. Esto no quiere decir que no exista experiencia, todo lo contrario, hay una experiencia trascendente, es decir, más allá de los límites que alcanza la mente. Es más, un solo minuto de vacío mental produce mejores efectos y más beneficiosos que cualquier ansiolítico que se ingiera. Muy pocos profesionales de la investigación mental se han percatado de que las herramientas disponibles para lograr esa «paz» o «sosiego» mental han estado delante de sus narices desde hace miles de años y que proceden tanto de Oriente como de los pueblos indígenas —considerados primitivos por los «científicos».

El gran temor de la gente a un estado de la mente sin pensamientos es, por un lado, su completa ignorancia a los aconteceres en tal situación y, por otro, el miedo a la libertad —como decía Erich Fromm[98]—, y escapar de las directrices manipuladoras a las que están acostumbrados. Una mente con diálogo interno es fácilmente manipulable, mientras que una mente «sosegada» no se puede condicionar, está alerta, vigilante, está *despierta*.

El individuo *despierto* se transforma en un ser libre, con plena capacidad para decidir su destino porque el rumbo se lo marca claramente su esencia. Es como el cochero profesional y entregado que es uno con su amo, conoce sus gustos y sus necesidades y le conduce diligentemente al destino. Sin embargo, mientras está *dormido,* sueña que es libre, que puede decidir qué hacer, pero no se entera de hasta qué grado está hipnotizado, controlado, dominado y dirigido. Es el mayoral borracho que está dominado por los brutos impulsos del jamelgo, los defectos del carruaje y accidentes del camino. El hombre (o la mujer) *dormido* carece de decisión, todo le viene indicado, se encuentra en trance permanente, manejando alternativas ficticias del tipo: «Puedes comer lo que quieras, huevo frito o tortilla». «Haz lo que te plazca siempre que esté dentro de lo que se te dice.» La televisión, la radio, la prensa, Internet, cualquier medio de comunicación de Occidente y del Oriente occidentalizado está enfocado a suministrar dosis de narcótico que alimente el diálogo interno: compra esto, visita aquello, adquiere lo de más allá, si no tienes uno de esos no eres como los demás, si no consumes tal cosa no serás como los escogidos, si no llevas tal otra te señalarán. Este tipo de impactos repetidos una y otra vez, escuchados desde la más tierna infancia, quedan grabados en el cerebro reproduciéndose como un disco rayado que genera el ronroneo mental permanente: tengo que conseguir uno de esos, ¿por qué él sí y yo no? ¿Por qué no voy a comprar eso?

Ciertamente, despertar supone una gran responsabilidad, ya no se admiten excusas ni se puede echar la culpa a los otros. El despierto es consciente y consecuente con las decisiones que toma, mientras que el sonámbulo es insensato y busca fuera de él a alguien a quien acusar de su infortunio.

Otro de los obstáculos en el trabajo del desarrollo evolutivo de la conciencia es creer que sin objetivos materiales no se puede vivir. Es más, la gente piensa que necesita saber en qué consisten sus objetivos, y que, por tanto, es importante desearlos. Esto lleva inevitablemente a pensar; a pensaren cómo pensar, a pensar si cómo pensamos es la mejor forma de pensar, y de nuevo la «batidora mental».

¿Cómo enfrentarnos a ese monstruo que es el diálogo interno?

Veamos cuáles son las premisas para el combate:

Ten en cuenta que pensar en cómo dejar de pensar solo te conduce a seguir pensando.

Abandona la pretensión de querer comprender lo que es el vacío de la mente, careces de términos de referencia y, por tanto, cualquier explicación solamente alimentará tu síndrome de abstinencia de pensamientos. «El que prueba sabe...»

El no-pensamiento y el pensamiento pertenecen a dimensiones diferentes del ser, y cada una de ellas requiere herramientas, sistemas y técnicas propias y adecuadas al mismo.

Quede constancia que en ningún momento estoy menospreciando o infravalorando la capacidad de pensar, de razonar, que es, además, una de las grandes facultades del hombre, como también lo es la capacidad de movimiento, pero tanto una como la otra tienen sus límites; la primera de naturaleza psíquica y la segunda física.

Los Maestros de todas las épocas han insistido en que, como medio para llegar a la esencia del ser, además de parar el diálogo, es indispensable «la carencia del deseo» —como decía Krishnamurti[99]— actuando desde el corazón.

> Hay muchos individuos para quienes la cualidad «Carencia de deseos» es verdaderamente difícil, porque sienten que sus deseos son ellos mismos, y que si desechan sus deseos peculiares, sus gustos y disgustos, dejará de existir su yo. Pero esto les sucede tan sólo a quienes no han visto al Maestro. A la luz de su Santa Presencia se extinguen todos los deseos,

> menos el de igualarse a Él. Sin embargo, antes que gocéis, de la felicidad de encontraros frente a frente con Él, podréis alcanzar, si queréis, la «Carencia de deseos».[100]

Se trata de llegar a la acción precisa por la propia acción en sí, actuar porque es necesario actuar sin esperar recompensas por ello. El hombre común supone que un proceder de esta naturaleza conduce a la apatía o a la dejadez, siendo incapaz del disfrute o de la satisfacción. Nada más lejos de la realidad, precisamente cuando se actúa desde el compromiso con la acción, estando presente, atento y consciente, el placer suministrado por el acto que se ejecuta es de naturaleza superior. Son esos momentos de felicidad plena o «experiencia óptima».

> No aspiren al éxito: cuanto más aspiren a él y más lo conviertan en su objetivo, con mayor probabilidad lo perderán. Puesto que el éxito, como la felicidad, el conocimiento, no pueden conseguirse, deben seguirse... como si fuese el efecto secundario no intencionado de la dedicación personal a algo mayor que uno mismo.[101]

Una de las dificultades con las que muchas personas se encuentran a la hora de transferir estas lecturas a su vida cotidiana es la de establecer el orden de ejecución de las diferentes propuestas de cambio. La gente está encasillada en su forma de pensamiento lineal, colocando los aprendizajes en departamentos estancos y estableciendo relación de causa-efecto. ¿Qué viene primero enfocar la atención adecuadamente o parar el diálogo interno? ¿Y después? ¿Sería mejor comenzar por no tener diálogo interno para así prestar mejor atención? ¿Hay que eliminar los deseos para poder parar el diálogo o, una vez enmudecido este, desaparecen los deseos? Y de nuevo se enzarzan en interminables «comidas de tarro» y dispersiones de la atención. Dado que nos encontramos ante un modelo holístico, donde cada paso no solo está conectado con el siguiente sino también con otros anteriores y posteriores, y también son parte de otro que se instalará posteriormente y que sin aquel, este no existiría. ¿Cómo ordenar entonces los pasos? Sistémicamente los efectos de ciertas acciones no se producen inmediatamente, sino cuando otros trabajos o causas han entrado en acción o han concluido. Por tanto, todo está relacionado con todo, y no puede desarrollarse sin el concurso de los demás elementos implicados. Y digo esto, porque las prácticas que expondré a continuación no solo sirven para parar el diálogo interno, al igual que este no va a concluir únicamente con la práctica de estos ejercicios. Parar el diálogo interno es un proceso dentro de otro proceso que es todo el proceso de desarrollo de la conciencia. A medida que la conciencia crece el diálogo disminuye, y a medida que el diálogo disminuye la conciencia crece. Para que ambos factores operen adecuadamente, el uno sobre el otro, hace falta, asimismo, que otros pasos se vayan dando simultáneamente, y de los cuales hemos hablado y seguiremos tratando.

Es por esto, por lo que advertí en su momento que no se puede convertir en un objetivo detener los procesos mentales, si esto se convierte en un fin en sí mismo, de nada te habrá servido el esfuerzo. Este trabajo es una unidad y como tal debes afrontarlo. Si lo fragmentas o te centras en una parte prescindiendo de otras estás condenado al fracaso. Es como si para mantener tu cuerpo sano te concentraras en realizar, exclusivamente, ejercicios de musculación de brazos, con el tiempo tendrás unos formidables bíceps pero eso no te asegurará que tu salud mejore.

Desde la más remota antigüedad, se ha venido usando como el método más eficaz para detener el flujo mental lo que se conoce como meditación. Sin embargo, en Occidente el término se ha degenerado y se ha convertido, una vez más, en una máquina potenciadora del propio diálogo interno, alimentando aquello que se pretende eliminar. En la actualidad, y aquí está el gran error, la gente cree que meditar es sinónimo de pensar sobre algo cuando precisamente es todo lo contrario. Con la meditación buscamos dejar de prestar atención a los pensamientos que estamos teniendo siendo conscientes de que hacemos eso. Meditar es mantener la atención atrapada en algo sin pensar en ello. Meditar es bloquear la maquinaria mental para vaciar de contenidos el resto de la mente.

¿Cómo practicar la meditación? Lo primero que debes saber es que existen diferentes métodos, cada maestro, cada escuela, utiliza el más adecuado para sus propósitos y las necesidades del aprendiz. Técnicamente diferenciamos cuatro caminos o vías de meditación:

1. La vía de la forma. Es una meditación de concentración. Consiste en mantener el foco de atención fijo en un objeto o forma concreta sin desviarnos de ello y sin hacer valoraciones de ningún tipo sobre ello.
2. Vía de la energía: meditación dinámica. Absorción de energías cósmicas mediante hiperventilación, danza repetitiva, recitaciones como *mantras*, letanías, *zikr*[102], etcétera.
3. Vía de la negación: meditación en vacío. Dejar de prestar atención a los pensamientos dejando que pasen sin detenerse en ellos.
4. Vía del observador: meditación testifical. Convertirnos en observadores mudos y pasivos del fluir mental, viendo pasar los pensamientos como si estos fueran ajenos a nosotros.

Modelo para la meditación

Mi propuesta consta de dos fases: una preliminar, que equivale a la del principiante; y, otra avanzada, que utilizarían aquellas que ya han practicado la meditación con asiduidad. La diferencia entre ambas es que la primera se realiza con los ojos abiertos, y la segunda, con los ojos cerrados.

Cuando vayas a realizar un ejercicio de meditación procura, en la medida de lo posible, situarte en un lugar y a una hora donde los ruidos e interrupciones no te perturben. Previamente habrás seleccionado una imagen geométrica sencilla sobre un fondo blanco (una estrella de ocho puntas, dos círculos concéntricos, el símbolo de la paz, etcétera) ampliándola e imprimiéndola en una hoja tamaño folio (Din-A4). En el lugar en el que vayas a meditar colocarás en la pared a la altura de tus ojos el papel impreso con el dibujo. Siéntate a unos dos metros de distancia frente al dibujo y adopta una postura cómoda con la espalda recta. Coloca tus piernas juntas en paralelo o cruzando los pies (el derecho sobre el izquierdo). En principio, y durante unos cinco minutos aproximadamente, concéntrate exclusivamente en la respiración (esta parte puedes hacerla con los ojos cerrados) dándote cuenta de cómo entra y sale el aire de tus pulmones, permitiendo que se haga cada vez más lenta y se estabilice en tu ritmo natural. A continuación, con los ojos abiertos y fijos en la imagen geométrica, concéntrate en el dibujo sin pensar nada de él. Observa (sin apartar tu vista del diseño) el flujo de tus pensamientos: ¿Lo estaré haciendo bien?... Esto me parece una tontería... ¿Me servirá de algo esto o será una pérdida de tiempo?... No analices ni razones sobre ninguno de ellos.

No te quedes enganchado en esos razonamientos, obsérvalos, míralos desde la distancia y déjalos pasar. Tú sigue concentrado en la mirada para que no se aparte del dibujo. Continúa con ello durante 10 minutos. Una vez transcurridos, cierra los ojos dos o tres minutos atendiendo, de nuevo, a tu respiración. Finalmente, ábrelos, y vuelve a tus actividades.

Es aconsejable que todos los días realices la meditación a la misma hora, por la mañana, por la tarde o por la noche, es lo mismo. Lo que sí es muy importante es que seas disciplinado y constante. Cuando lleves un par de meses de práctica añade cinco minutos más al tiempo de meditación; otros cinco a los cuatro, y cinco más a los seis, alcanzando los treinta minutos totales.

La segunda fase de la meditación, a la que accederás no antes de diez o doce meses de estar practicando con la anterior, se realiza del mismo modo pero con los ojos cerrados todo el tiempo. La imagen «real» del papel la sustituirás por una imagen mental igualmente de alguna forma geométrica.

Con el tiempo tú mismo desearás prolongar el tiempo de tus meditaciones, y llegarán a ser tan necesarias e imprescindibles como la comida o el sueño.

Meditación del foco abierto

Mientras estás leyendo estas líneas, tu atención está concentrada en ellas. Tu atención está dirigida a captar el significado de las frases escritas en el papel. Estás focalizando tu atención en el libro.

Con este tipo de meditación, trataremos de conseguir una atención inversa a laque estás utilizando. Ahora estás focalizando y trataremos de desenfocar. El paso de focalización a desenfoque, la eliminación del deseo de ver algo en concreto, provocará la liberación de la energía retenida por el proceso de la atención, aumentando el nivel de consciencia.

Lo que se pretende es que aparezca un rayo de conciencia superior, que es el primer escalón en el desarrollo del pleno nivel de consciencia humano. Este ejercicio se puede practicar en cualquier lugar, a cualquier hora o realizando cualquier tipo de actividad. Se trata pues, de una meditación dinámica. No necesitas de ningún accesorio para su práctica, y que puedes llevarla a cabo en cualquier sitio y en cualquier situación.

Siéntate durante más o menos 20 minutos (nunca menos de 10), con la espalda recta. Sitúate mirando al Este. Procura colocar tu cuerpo en una postura cómoda y relajada. Si te sientas en una silla, mantén los pies planos en el suelo. En cualquier postura que adoptes, relaja tu cuerpo. Deja que tu respiración sea tranquila y suave y se regule por sí sola.

Comienza a practicar el desenfoque o foco abierto. Da la misma importancia a todos los puntos de tu campo visual. Procura no centrar tu atención visual en nada en concreto. Para ello usa la visión periférica tal como aprendiste. Si te distraes y focalizas en algo, sea interno —pensamientos, recuerdos o sensaciones—, o externo (objetos, luces, sonidos) no te culpes, simplemente vuelve a desenfocar.

Este ejercicio requiere de constancia, disciplina y paciencia. Los primeros días serán bastante difíciles, pero te desanimes y practica al menos una vez al día.

Tras un mes de práctica deberías ser capaz de obtener períodos de al menos un minuto de silencio mental y de una capacidad de foco abierto permanente.

Con frecuencia encontramos personas que se proponen hacer una cosa y luego hace otra, o que las realicen pero los resultados no sean los deseados. En estos casos es fácil percatarse de que están fallando las pautas que dirigen su vida. Esto no es sino algunas de las manifestaciones de los diferentes «yoes». Tales individuos, en ocasiones, lo justificarán diciendo que «no lo puedo remediar, es que soy así» o que «el hombre propone y Dios dispone» o que «del dicho al hecho hay mucho trecho» o alguna que otra frase rotunda que le exima de la responsabilidad, y así evitar corregir la derrota y el esfuerzo de ser fiel a su proyecto de vida.

No es tarea sencilla mantener firme el rumbo, pero, bien es sabido que, «lo que cuesta vale y lo que vale cuesta». A veces la vida parece tan agitada que no nos da tiempo a pensar qué es lo que queremos realmente, «por qué» o «para qué» lo queremos o cómo podemos conseguirlo. No obstante, hay que detenerse a reflexionar sin culpar al enmarañamiento del mundo ni caer en la trampa de la falta de tiempo, pues la mayoría de las veces no es más que la negligencia que hay en cada uno de nosotros (el «yo negligente»).

> La vida es muy peligrosa. No por las personas que hacen el mal, sino por las que se sientan a ver lo que pasa.
>
> Albert Einstein

Ciertamente que la vida no es siempre un jardín de rosas, que las cosas, muchas veces, no son sencillas y que, en ocasiones, resulta realmente complicado mantenerse fiel al propio proyecto, pues surgen inconvenientes y, a veces, el desánimo se hace presente con toda su paralizante fuerza. Sin embargo, es necesario mantener la confianza en uno mismo, evitar el «no puedo», porque no es verdad, casi siempre se puede. No olvides aquella frase de Henry Ford[103]: «Si crees que puedes o si crees que no puedes estás en lo cierto». Recuerda que hay decisiones que son claves en la vida y que la dispersión, la inconstancia, la pereza, la frivolidad y, sobre todo, la dejación de aquello que vimos con claridad que debíamos hacer acaba afectando al propio hombre y a su esencia. Todo hombre y toda mujer (tú) es un trozo de cristal de carbono en bruto, un diamante sin pulir que hay que tallar con profesionalidad y esmero para que se transforme en una joya de valor incalculable.

Al principio del presente capítulo dije que la vida de todo hombre debería tener un sentido, una dirección y que uno de los elementos indispensables para que la vida tenga sentido y merezca la pena ser vivida es la conciencia de sí mismo; también enuncié que para alcanzar esa conciencia de sí era necesaria la auto-observación y la reflexión. Bien, pues ahora, te propongo una práctica diaria que te servirá como inicio del aprendizaje de la reflexión y autoobservación.

Reflexión diaria

Cada noche, al finalizar tu jornada o cuando te vayas a acostar hazte y respóndete a las siguientes preguntas:

- ¿Qué he hecho hoy para incrementar la conciencia de mí?
- ¿He visto la acción de alguno de mis «yoes»? ¿Cuáles he identificado?
- ¿Qué he aprendido hoy? (Sobre ti mismo, sobre tus comportamientos compulsivos, reacciones impulsivas y fuera de tono, actitudes incorrectas, sobre tus «yoes».) ¿Qué más podría haber aprendido?
- ¿En quién me he visto reflejado? ¿Quién ha provocado alguna reacción hostil en mí? ¿Cuál de mis «yoes» es el que se ha sentido atacado?
- ¿De quién he aprendido algo hoy? (Alguien que te haya hecho ver alguna actitud negativa de las que tienes o que

te haya enseñado algo que desconocías sobre ti) ¿De quién más podría haber aprendido? ¿Quién ha sido un ejemplo para mí hoy?
- ¿Qué he dado hoy? (Dar se emplea aquí en el amplio sentido de la palabra: un consejo, una sonrisa, una limosna, una ayuda, etcétera; pero eso sí, siempre que lo hayas hecho sin esperar nada a cambio: satisfacción emocional —del tipo ¡Qué bueno soy!—, gratitud, reconocimiento, favor, etcétera.)
- ¿A quién? ¿De qué forma lo he hecho? ¿Qué acción buena o de ayuda desinteresada he realizado hoy?
- ¿Qué resultado de los obtenidos hoy puedo mejorar mañana?

Ejercicio para la autoobservación

Ciertamente, la autoobservación es la técnica principal para poder realizar con éxito todo lo demás. Sin autoobservación no hay conocimiento de uno mismo, y si no te conoces difícilmente podrás descubrir aquello que necesitas cambiar.

Para abordar esta práctica, que ha de convertirse en algo tan natural como respirar, debes comprometerte y marcarte una disciplina diaria. Para iniciar el trabajo de la autoobservación, te propongo que te proveas de un bloc pequeño o libreta que puedas llevar en el bolsillo y un útil de escritura (lápiz, bolígrafo o pluma); asimismo, algún tipo de alarma sonora: despertador del móvil, reloj con alarma o similar que te avise cada 30 minutos.

¿Cómo proceder para autoobservarte?:

1. Toma el bloc y divide cada hoja en cuatro columnas. Titula cada columna con: ¿Qué estaba pensando? ¿Qué estaba haciendo? ¿Cómo me sentía? ¿Era eso lo que quería hacer?, *¿qué era?*

¿Qué estaba pensando?	¿Qué estaba haciendo?	¿Cómo me sentía?	¿Era eso lo que quería hacer? ¿Qué era?

2. Cada vez que suene la alarma toma conciencia del momento y escribe en el bloc lo que sucede en ti respondiendo a esas cuatro preguntas que se refieren evidentemente al instante previo al sonido de la alarma. Procura ser lo más claro, concreto y específico en tus contestaciones. Sería bueno que lo realices, estés donde estés; si vas conduciendo o caminando, te detienes y lo escribes. Es muy importante este acto de voluntad y disciplina.
3. Por la noche, antes de ir a dormir repasa las anotaciones del día y haz un resumen respondiendo a lo siguiente:
   a. ¿Qué pensamientos han sido los más recurrentes?
   b. ¿Cuáles han sido los comportamientos más repetidos a lo largo del día?
   c. ¿Qué sucedía para que estuviera actuando de ese modo?
   d. ¿Cuántas de las acciones intervenidas eran plenamente conscientes?
   e. ¿Cuántas acciones de las intervenidas eran automáticas?
   f. ¿Qué «yoes» he sido capaz de identificar en esos pensamientos y comportamientos?
4. Estos tres pasos anteriores los repetirás durante siete días seguidos, al finalizar la semana realizarás un inventario de los siete resúmenes nocturnos. Continúa así durante siete semanas más, al cabo de ellas, haz un nuevo extracto de los resúmenes confeccionando una lista que contendrá:
   a. Rutinas conductuales: hábitos de comportamiento (ras-

carme, mover compulsivamente el pie, tocarme la oreja, etcétera). Adicciones (fumar compulsivamente, comer constantemente o beber). Actividades rutinarias (desplazarme por la misma ruta todos los días, ir al mismo bar a desayunar, desayunar lo mismo siempre, etcétera).

b. Rutinas mentales: diálogos internos repetitivos, emociones que se desencadenan sin control, malestares orgánicos (jaquecas, acidez de estómago, etcétera), estados de ánimo más frecuentes.

5. Una vez que tengas la lista confeccionada sepárala en dos bloques:
   a. Uno que contendrá todas aquellas acciones y comportamientos que son imprescindibles para tu supervivencia como dormir, lavarte, ducharte, comer, etcétera.
   b. Otro bloque en el que plasmarás todo lo que no tiene que ver con la supervivencia como conversar inútilmente, fumar, mantener un diálogo interno, navegar por Internet, tomar café, ir al gimnasio, ver la TV, etcétera.
   c. Cuando hayas escrito en el segundo bloque todo lo superfluo, innecesario y no preciso para tu supervivencia, dividirás este último en dos nuevas columnas:
      i. Una con lo que consideras conveniente seguir haciendo como ir al gimnasio, escribir, conversar con los amigos, etcétera.
      ii. La otra, con aquello que sería bueno suprimir como fu-mar, «comerte el coco», ver la TV con exceso, criticar a los demás, discutir con tu pareja, etcétera. Una vez que tengas concluida esta lista, la subdividirás en:
         1. Lo que estoy dispuesto a eliminar de mi vida.
         2. Lo que aún no estoy dispuesto a eliminar.

De la sublista 1 marcarás una fecha determinada (entre el día que inicies este ejercicio y un máximo de 49 días) para suprimir todo ello de tu vida definitivamente. Empieza por algo sencillo e intrascendente, de modo que la energía psíquica que liberes al suprimir ese comportamiento superfluo e inútil te ayude a generar una mayor voluntad y así poder enfrentarte a retos mayores.

Este ejercicio, en su conjunto, tiene un fin primordial, liberar energía psíquica que tienen secuestrada esos «tontos» que se dedican a mantenerte enganchado en comportamientos insustanciales e improductivos. La energía psíquica es imprescindible para emprender otros retos mucho más profundos y evolutivos.

A pesar de todo, si cedes terreno, si permites que circulen por tu interior pensamientos o sentimientos negativos, es decir, que tus «yoes» se sigan manifestando, no te castigues ni te culpes; incluso, si no puedes evitarlos, déjalos como están y vuelve sobre ellos más tarde, pero, sobre todo, persiste una y otra vez hasta vencerlos con astucia. Recuerda que el ego —conjunto de tontos— es muy persistente para evitar que tú consigas controlar la atención. El ego desea vagar libremente sin control para mantenerte esclavo de la ineficacia, por ello se resistirá una y otra vez al cambio.

A medida que incrementes el trabajo contigo mismo notarás como tu atención te permite ser más consciente de las impresiones que recibes, tanto desde dentro como desde fuera; y cuanto más consciente seas, más vivo y lleno de energía te sentirás. Eso es lo que llamamos *estar presente*. Un momento de *presencia consciente* es más enriquecedor que toda una vida vivida en trance como lo hace la mayoría de la humanidad.

6

LA FICCIÓN DE LA REALIDAD

En este mundo traidor, nada es verdad ni es mentira,
todo es según el color del cristal con que se mira.

Ramón de Campoamor[104]

Todo el mundo sabe que la receta no es el guiso, muchos incluso reconocen que una maqueta no es el edificio, pero son pocos los que tienen conciencia de que «el mapa no es el territorio». Este principio, ampliamente conocido por los estudiosos de la PNL, es clave en el proceso humano de transformación. Para un maestro, para un hombre que ha alcanzado la excelencia, el mundo material con el que tratamos habitualmente es simplemente una indicación, una interpretación subjetiva de las percepciones sensoriales y, que hemos aceptado para podernos manejar cotidianamente. Dicho en otros términos, lo que creemos que es la realidad es una invención concertada.

Como organismos, no operamos directamente sobre el mundo que nos rodea, sino que lo hacemos a partir de interpretaciones codificadas (traducidas) de lo que recibimos y experimentamos del entorno a través de nuestros órganos sensoriales. A este conjunto de representaciones subjetivas que cada persona tiene del mundo que le rodea, es lo que en PNL llamamos *mapa*.

Todo lo que hay fuera, el mundo, lo objetivo, aquello de lo que tomamos la información que procesan los ojos, el oído y el tacto, es lo que expresamos con *el territorio*.

Tú, lector, y, yo escritor, nos estamos comunicando aquí y ahora, en el mundo que llamas real, por el simple hecho de que hemos aceptado y aprendido un conjunto de caracteres que nos permiten comunicarnos en este plano. De igual modo, si conocieras los códigos que rigen otras esferas también podrías comunicarte con ellas, el problema surge cuando pretendes entrar en contacto con ellas utilizando códigos que son de este nivel.

La distinción precisa basada en la experiencia entre mapa y territorio está en el reino de la excelencia. Sólo un «mago» —hablando en términos de PNL-Noética descritos— es capaz de tal conocimiento.

Para clarificar este principio, antes de nada, es conveniente señalar dos aspectos o usos que daremos al término territorio: uno, «Territorio» (con mayúscula) como Realidad Absoluta y, otro, «territorio» (con minúscula) como esencia u objetividad de hechos y cosas. El mapa sería en ambos casos la interpretación subjetiva que cada uno de nosotros hace tanto de uno como del otro. El camino para diferenciar mapa de territorio, pasa inevitablemente por aceptar que el mapa es solo la forma captada «perceptualmente» con la subjetividad que ello conlleva y, que territorio es la esencia, la realidad intrínseca de las cosas y sobre la que no caben interpretaciones.

En el hombre, el mapa, podríamos decir que es la personalidad, la persona social; y con respecto al mundo, el mapa es el organizador de las formas, lo que la sociedad sabe y hace como conjunto de hombres. Por efecto del mapa el hombre *dormido* se encuentra a salvo. Por ejemplo, gracias al mapa, en este momento nos podemos comunicar, sin él, las letras, palabras, signos de puntuación, carecerían de sentido y no serían más que grafismos carentes de sentido para ti.

Resumiendo, un mapa es el conjunto de creencias, valores y experiencias que cada individuo tiene sobre cómo son o/y deberían ser las cosas y el mundo que le rodea. Socialmente, es el conjunto de principios, reglas, leyes y normas que rigen una comunidad.

Como protector el mapa es útil y beneficioso, pero también se transforma en un carcelero depravado y opresivo. Inevitablemente el problema surge cuando el protector se convierte en dictador, déspota y verdugo. Solo cuando se alcanza una conciencia superior se sabe poner cada cosa en su sitio, sin confundir mapa con territorio, usando el mapa cuando lo conveniente es usar el mapa, pero sin olvidar que éste es solo un acuerdo, una burda representación de la realidad.

Así pues, el mapa es la apariencia de lo que somos, y también toda aquello para lo que tenemos palabras, lo que podemos conceptualiza. Como ya hemos dicho, está construido con la historia personal de cada individuo y, socialmente con la historia de la sociedad. Uno y otro se inician con el nacimiento y, más allá, con los legados familiares y acaban con la muerte. Los mapas personales solo nos atañen a nosotros mismos, mientras que los sociales condicionan las interpretaciones y se prolongan en el tiempo traspasando los límites de la vida del individuo.

Si las consideraciones precedentes nos han aproximado a una cierta idea de lo que es el mapa, la consecuente pregunta sería: ¿Qué es entonces el territorio? Si todo cuanto conocemos de nosotros, lo que creemos ser, lo que conocemos de mundo que nos rodea y sus implicaciones, es el mapa, ¿qué es entonces el territorio?

El territorio es la parte del mundo que nos rodea y de nosotros mismos que se escapa de nuestra comprensión, aquel trozo con el que nunca nos relacionamos. Para el territorio no existe descripción, puesto que en el momento que lo describes en términos que pertenecen al mapa, queda restringido al mapa; por tanto, para el territorio no hay palabras, ni conceptos que lo definan.

El conocimiento pleno del «Territorio» y «territorio» (con mayúscula y con minúscula) solo se alcanza cuando se es territorio, mientras tanto son descripciones del mapa personal y social. En el taoísmo[105] se dice: «El Tao que puede expresarse con palabras, no es el Tao». Así, parafraseando a Lao Tsé, diría: «El territorio que puede ser definido no es el Territorio». El territorio tiene existencia propia, independiente de las creencias, mientras que los mapas, como ya sabemos, son «constructos» individuales o sociales.

Sin embargo, el «territorio» se puede experimentar alcanzando su realidad por medio de sensaciones, flases o incluso ideas descabelladas; por eso no se puede describir, por eso lo único que de momento debe interesarte del «territorio» son los efectos que tiene sobre uno mismo. No obstante, los poderes fácticos que subyugan a la sociedad que no quiere perder el control del rebaño, y, la mente condicionada del propio hombre dormido que se niega a responsabilizarse de sus actos, hacen lo imposible por silenciar los afloramientos del «territorio» y, cada vez que éste se muestra lo acallan con argucias o advertencias amenazadoras de que ese sujeto se está volviendo loco. Pero a pesar de todo, en momentos críticos de la vida, o bajo ciertas condiciones generadas por agentes exógenos, alguna parte del «mapa» personal se abre y se da cuenta de que más allá de los límites y fronteras que uno se impone, existe algo más. Ese algo más puede presentarse como una sensación insistente de insatisfacción ante la vida, una voz interior, o un pensamiento que emerge desde las profundidades del ser y, esa es la voz de la esencia, la voz del «Territorio». Esa es la exigencia, la reclamación que ejercita la naturaleza humana demandando su plenitud, su integración total, su necesidad de sentirse completo.

Todo esto no es nuevo, desde los principios de los tiempos estos conceptos han sido manejado y enseñados por los «hombres de conocimiento». Incluso en las regiones más remotas, y las culturas más antiguas nos hablan de ello. Tenemos un ejemplo aun vivo en los pueblos yaquis, huicholes, tarahumaras y mochis[106]. Sus chamanes nos explican que el mundo en el que vivimos no está compuesto por las formas materiales tal como las vemos, sino que están constituidas por campos de energía a los que ellos llaman: «las emanaciones del águila», y que conforman la única realidad auténtica.

> Don Juan me explicó que el mundo que percibimos no tiene existencia trascendental. Como estamos familiarizados con él creemos que lo que percibimos es un mundo de objetos que existen tal como los percibimos, cuando en realidad no hay un mundo de objetos, sino, más bien, un universo de emanaciones del Águila.
>
> Esas emanaciones representan la única realidad inmutable. Es una realidad que abarca todo lo que existe, lo perceptible y lo imperceptible, lo conocible y lo incognoscible.[107]

La condición del hombre es alcanzar la plenitud, la unidad con el Todo. Gracias a la plenitud el individuo logra el sentido de la vida y, además, cuando dispone de ella, las tareas más complejas se hacen insignificantes, las cargas más pesadas se transforman en livianas y, las obras más difíciles se tornan sencillas. Pero lo más sorprendente es que para ello solo empleamos insignificantes porciones de nuestro ser esencial. El mayor éxito al que un hombre o mujer pueden aspirar en su existencia es morir en la plenitud de su ser.

Así pues, el gran secreto, el secreto de los secretos, en el desarrollo integral de la persona es usar el mapa siendo totalmente conscientes, en todo momento, que lo estamos usando sin caer en la trampa de considerar, ni siquiera por un instante, que es el territorio. Como dicen los sufís: "Vivir en el mundo sin ser de él". Pero ahora llega el momento crucial de esta primera fase: ¿cómo sabrás que estás creyendo que tu mapa es el territorio?

Aquí tienes algunas de las indicaciones que te ayudarán a identificar esa situación en la que confundes mapa con territorio: Cuando...

...te empeñas en querer tener la razón.

...te esfuerzas en convencer a otros con tus argumentos.

...no aceptas otras ideas.

...crees que tus principios o/y valores son los correctos o adecuados.
...no comprendes las debilidades ajenas.
...no permites errores ni equivocaciones.
...crees que el mundo está en tu contra.
...crees que la vida ha sido injusta contigo.
...temes las valoraciones que hagan de ti los demás.
...te consideras superior o inferior a otros.
...te consideras mejor o peor que los demás.
...te sientes vejado, insultado, infravalorado, o menospreciado.
...esperas reconocimiento por tus actos.
...desprecias a otros.
...te niegas a relacionarte con cierta clase de gentes.
...cuando te enfadas si las cosas no salen como tú proyectabas.
...te deprimes por alguna pérdida.

Todas esas y muchas más actitudes similares son muestra de que estás considerando que tu mapa es el territorio. Por tanto, si quieres elevar tu conciencia más allá de los cortos parámetros vulgares, tiene que hacer siempre y en primer lugar, un cuestionamiento de las condiciones de tu propio mapa hasta que estés convencido de que no hay mapa que valga, que es una simple ilusión, que lo que crees no es más que la suma de experiencias subjetivas, experiencias que has distorsionado y manipulado a tu conveniencia.

Como consecuencia de lo antedicho, podemos resumir y deducir las siguientes premisas como claves relativas a nuestra exposición:

1. Lo que es la realidad y la experiencia que un organismo tiene de la misma son diferentes. Por tanto, la realidad, para un sujeto, es siempre subjetiva. A la realidad le llamamos «territorio», y a la interpretación subjetiva que cada uno hace de la misma, es a lo que llamamos «mapa».

Esto es fácil de entender si por ejemplo observamos el funcionamiento de nuestro órgano visual, el ojo, que sólo recibe una trillonésima parte de la in-formación que le llega. Y no es que lo tengamos atrofiado sino que es el resultado de la conformación física de nuestros órganos sensoriales y sus correspondientes conexiones neurológicas. Otro tanto sucede con el oído que se limita a captar ciertas frecuencias vibracionales y, nuestra dermis que tan sólo captan algunas anomalías del ambiente. Esto tiene su explicación ya que si penetraran en el sistema cerebral todas las energías (lumínicas, vibracionales, etc.) que existen en el universo, la experiencia sería apabullante, desastrosa, destructiva o caótica. Ahora mismo, mientras lees estas líneas, el aire de tu entorno está repleto de diferentes formas de energía que no percibes: ondas de sonido y luz en todo su espectro, partículas gustativas y olfativas, presión atmosférica, humedad, temperatura y mucho más. Las redes neuronales se limitan a captar y transformar distintas formas de energía, pero solamente aquellas que pueden resultar de utilidad en un momento dado y dentro de la capacidad humana. Por tanto, de algún modo, la labor de la mente se centra en imaginar representaciones —mapas— de lo que hay afuera —territorio—, a partir de los limitados datos que le suministran los órganos. Este proceso se realiza basándose en un ensamblaje de lo conocido o previamente representado, con el propósito de simplificar al máximo el caudal de información que recibe y, así poderlo manejar con mayor comodidad. Es muy común caer en errores de interpretación cuando proyectamos nuestro mapa, de cómo son o deberían ser, de las posibilidades e imposibilidades de las cosas. Un ejemplo de ello lo tienes observado los dibujos que proyectan «trampas» o acertijos ópticos.

Dado que experimentamos nuestra interpretación del mundo, ésta se mantiene a pasar de cambiar las señales que nos llegan. Un árbol puede aparecer como un pequeño matorral en el horizonte o puede ocupar todo nuestro campo visual. Sin embargo, imaginamos el árbol con el mismo tamaño y forma, con independencia de la distancia o perspectiva. El objetivo principal de la recepción, organización e interpretación de la realidad por los procesos perceptivos es precisamente percibir un mundo constante. Que esto sea así, no quiere decir que sea lo real, sino que adaptamos de un modo conveniente la realidad para hacerla manipulable a nuestros intereses evolutivos. Sin embargo, en cada ser humano, hombre, mujer, niño, adulto y anciano, el procedimiento es el mismo, cada uno acomoda igualmente las circunstancias a su necesidad, por lo que cada cual dispone de un modelo personal, subjetivo y amoldado a sus logros. El mundo que experimentamos, todos los coches, las aves, el chocolate, el atardecer, el viento, los recuerdos del pasado y, las ilusiones del futuro, son un sueño de la mente. Y aún más, debido a que la mente está habitada por distintos soñadores («los tontos»), de los que muchos de ellos no tienen ni idea de las existencias de los otros, el caos está servido, y las contradicciones son su fruto.

Ya hace más de dos siglos que Immanuel Kant[108] nos aproximó a las respuestas del sistema nervioso al mundo exterior. Kant subrayó que el pensamiento (las ideas innatas) «es el factor determinante de la vida mental»:

> Pero convendría considerar que no se puede culpar al entendimiento humano por su incapacidad para conocer la sustancia de las cosas, es decir, para determinar por sí mismo, sino por querer conocer lo que es una simple idea como si fuera un objeto dado. La razón pura nos exigió buscar para cada predicado de una cosa el sujeto que le es propio y para este sujeto, que en sí mismo no es necesariamente nada sino un predicado, su propio sujeto, y así indefinidamente (o hasta donde podamos llegar). Y de esta forma se deduce que no podemos sostener que algo a lo que podamos llegar sea un sujeto último, pues la sustancia última nunca puede ser pensada por nuestro propio entendimiento, a pesar de la profundidad a que podríamos llegar si nuestra naturaleza nos fuera revelada.[109]

En la *Anschauung* —«conocimiento de un objeto»— de Kant, está el origen de nuestras tesis sobre la «representación» de los objetos externos en la mente, lo que en PNL llamamos «representaciones mentales». Mediante una serie de intuiciones inconscientes la mente forma o «imagina», simulacros o representaciones del mundo con el fin de operar en él. Se elabora una hipótesis acerca de la realidad, una representación verosímil de la misma y, la confronta con la información conocida y archivada. La mente emplea las débiles señales procedentes de los sentidos como materia prima y sistema de comparación.

Por lo tanto, nadie puede definir el territorio como tal, ya que lo que estaría representando sería inevitablemente un mapa. El territorio no aparece nunca en absoluto. El proceso de representación que se quiera hacer de un territorio siempre se filtrará y, la resultante no será otra que un mapa de mapa de mapa elevado al infinito, ya que nuestras representaciones mentales siempre serán mapas de la realidad. Cada vez que pretendemos definir un territorio, lo estamos transformando en un mapa.

> En muchos sistemas filosóficos y espirituales hay que evitar el «mundo» por ilusorio. Se describe como lo que se ve sobre la pared de una cueva, reflejado a través de lentes distorsionadas. La investigación moderna lo confirma: experimentamos el mundo tal y como lo recordamos o imaginamos. La mente funciona por medio de unos cuantos procesos simples, utilizando las pruebas que tiene a su disposición para que la hipótesis sea la mejor posible, ilusoria o no.[110]

2. Así pues, cada individuo tiene su propio mapa o modelo del mundo, el contenido y la delimitación de ese mapa viene determinada por factores genéticos o/y biológicos y la historia personal de cada individuo, en la que intervine educación, cultura, términos de referencia, condicionamientos, creencias, valores, etc.

La mente, en su proceso evolutivo basó su estructura sobre los más importantes ajustes atávicos: los expertos en decisiones de supervivencia. Tomamos decisiones de vida o muerte basándonos en unas cuantas y limitadas señales. Y no se trata de decisiones trascendentes, sino de lo más cotidiano: ¿Es bueno comer carne roja? ¿Son peligrosos los rayos? ¿Qué coche me compro un Ford o un Opel? ¿Es fiable esa inversión? ¿Cuándo tomo las vacaciones? ¿Me puedo fiar de él? Las estrategias mentales, los estados internos, las emociones, los procesos de comparación, seleccionan información nueva para elaborar un juicio rápido sobre el mundo. Y puesto que nuestros circuitos organizacionales de la mente están diseñados para abordar decisiones rápidas de vida o muerte, estas otras, cuando se toman precipitadamente suelen ser erróneas puesto que no son de la misma naturaleza.

3. Ningún mapa es más «real» o «verdadero» que otro. Pueden ser más o menos amplios, pero nunca más o menos reales, ya que éstos son siempre subjetivos y la subjetividad no puede ser valorada en términos de mejor o peor. Sí podríamos hacer una distinción entre más o menos útil, dependiendo del contexto en el que se mueva el sujeto con su mapa.

Por tanto, no es el «territorio» o la «realidad» lo que limita a las personas, sino la mayor o menor cantidad de opciones disponibles a través de sus mapas. Los mapas más efectivos y ecológicos son aquellos que disponen de un número amplio y rico de elecciones, en oposición a ser más «real» o «exacto». Es decir, cuantas más alternativas dispone un sujeto ante una situación más posibilidades de éxito posee al enfrentarse a ese hecho. Al plantearse una acción frente a determinadas circunstancias, una valoración llevada a cabo desde un plano físico no alcanza la misma profundidad que si se hace desde el plano psicológico, y menos aun si se realiza desde el espiritual. Las alternativas las proporciona la experiencia, y están íntimamente ligadas al desarrollo de la conciencia. Una misma situación es vivida de modo diferente por un niño, un adolescente, un adulto o un anciano.

4. Los seres humanos construyen sus modelos del mundo a través de su sistema nervioso y los impactos que éste recibe ante los estímulos sensoriales. Los mapas del mundo están confeccionados con programas neurolingüísticos en los que integramos sistema nervioso y lenguaje. La información sobre nuestro universo externo e interno, es recibida, organizada, consolidada y transmitida a través de un sistema de caminos neuronales que culmina en el cerebro. Esta información es transferida por medio de estrategias internas de proceso que cada individuo elabora o aprende, lo que llamamos

programas neurológicos, y que se manifiestan por medio de lenguaje —verbal y no verbal—. Hay una profunda interacción «neurolingüística» entre lenguaje y nuestro modelo neurológico del mundo. Queremos decir con ello, que nuestro lenguaje (verbal y no verbal, analógico y digital) no está construido y se manifiesta al azar, sino que éste procede y expresa directamente el contenido de nuestros mapas.

5. Las posibilidades que un individuo tiene para resolver o hacer frente a una situación, van a estar en función del desarrollo y secuenciación de los sistemas representacionales. Dado que nuestros modelos o mapas del mundo están confeccionados por programas neurolingüísticos, y estos a su vez son secuencias encadenadas de nuestro sistema representacional, es obvio que la habilidad en la ejecución conductual de una estrategia, va a estar determinada por la mejor secuencia del sistema representacional contenida en la misma.
6. Cuantas más relaciones del mapa estén combinadas con las relaciones de los elementos que se están «*mapeando*», más efectivo y ecológico es ese mapa. Lo que trato de plasmar aquí, es que en la medida que una persona posee mayor cantidad de experiencias y términos de referencia relacionados con lo que está valorando, tendrá mayor posibilidad de acercarse a la realidad o a los mapas de terceros con los que se enfrenta. Es lo que llamamos «Código de Congruencia».
7. Ya hemos expresado que mente y cuerpo forman un sistema cibernético, del que en el siguiente capítulo hablaremos, y por lo tanto, como consecuencia todas las reglas de la teoría de sistemas son aplicables.

7

IDENTIDAD Y SENTIDO DE LA VIDA

La vida de cada hombre es un camino hacia sí mismo, el ensayo de un camino, el boceto de un sendero. Herman Hesse[111]

Es cuando menos curioso, por no decir estúpido, que el hombre solamente se pregunte por el sentido de la vida cuando se le plantea algún problema en ella, o mejor dicho, cuando se le presentan ciertos aspectos de la misma que no alcanza a comprender, como por ejemplo: la muerte, las guerras fratricidas, el maltrato, el suicidio, la existencia del mal. También, cuando se siente desorientado, cuando no sabe hacia dónde dirigir sus pasos, adónde va, o cómo afrontar las cargas que la vida le impone. Entonces la pregunta se vuelve vital y a diferencia de otras preguntas más o menos trascendentes, ésta exige una respuesta práctica.

En las últimas páginas del capítulo precedente recordé algo mencionado con anterioridad y era, que la vida debe tener un sentido para que nos motive a entrar en acción y a comprometernos con la misión derivada. Pero para descubrir cuál es el sentido de la vida, lo primero es tener una idea clara de lo que es la vida y, qué constituye que la vida tenga un sentido.

Ya he hablado en otro de mis libros sobre este tema, por lo que, tal vez, a algún lector crítico le parezca que este capítulo es un cortar y pegar, una repetición de lo dicho. Es posible que posible que haya frases, o incluso párrafos, que digan lo mismo, pero no podría ser de otra manera, lo que está dentro es lo que sale. Como expresó el Buda: «Somos como pensamos», y como decimos en PNL: «Decimos como pensamos». La mayoría de los que trabajamos e investigamos los procesos mentales, que las nuevas estrategias y las nuevas ideas, se aprenden por dirección y repetición, y muchas veces uso este sistema de enseñanza en los libros.

Pero volviendo al tema que nos ocupa, estoy seguro de que la vida se enfocaría de diferente modo según fuese abordado por un biólogo, un antropólogo, un historiador, un religioso, un místico o cualquier otro especialista. Para mí, la vida es un hecho evidente, un fenómeno de la Naturaleza, un proceso cósmico que lleva implícito la ley sistémica de evolución, siendo ésta considerada como la consecuencia del desarrollo de la vida misma.

Son numerosas las teorías que sostienen que la vida procede de una Fuente de Energía Universal creadora e impulsora, la cual, en su existencia eterna, ofrece también la particularidad de manifestarse como Energía Vital. Otras hipótesis, por el contrario, nos ofrecen la visión insostenible de un principio generador espontáneo, sin que ningún principio superior interviniera en el origen. Pero en fin, entrar en una discusión sobre la viabilidad de unas u otras teorías no dejaría de ser un diálogo paradójico, puesto que ninguno de nosotros estuvo allí en el comienzo de los tiempos para saber lo que ocurrió. Así que, dejemos las conjeturas para los teóricos y científicos que viven de eso. Nosotros nos vamos a ocupar de lo que tenemos a nuestro alcance, de lo que podemos experimentar y por tanto, conocer.

Con el fin de unificar criterios que nos faciliten el trabajo, intentaré aclarar en este capítulo tres aspectos básicos acerca de la vida, que son: definición, sentido personal y sentido general.

Resultaría redundante y simplista decir que la vida es la manifestación biológica de la Naturaleza, aunque, obviamente, la vida sea el desarrollo biológico de un ser orgánico. Esta valoración objetiva no se encuentra en el hecho de vivir ningún fundamento misterioso y además, es aplicable desde las formas unicelulares más simples, hasta las plantas y los animales, incluyendo al hombre. Es necesario en este punto distinguir dos conceptos fundamentales: uno, la vida como desarrollo biológico de un ser orgánico; y otro, la vida como la existencia consciente de sí mismo. Mi intención es tratar únicamente el segundo factor, es decir, la vida como existencia consciente.

Con respecto al *sentido de la vida*, podría decir que es la interpretación, la dirección o la orientación que cada persona imprime al camino, a la trayectoria de su existencia; y puede sustentarse en cualquiera de los valores que se han asimilado durante la experiencia de vivir, desde que nacemos hasta el presente.

Este *sentido de la vida* personal, que viene dado por la proyección de cada individuo, es demostrable, puesto que fácilmente lo observamos en los intereses prioritarios que cada uno tiene: poseer bienes, trabajar, estudiar, divertirse, relacionarse, aproximarse a lo espiritual, enriquecerse, practicar deportes, viajar, etcétera. Las respuestas que dan las personas cuando se les pregunta por el sentido de sus vidas así nos lo indican. Todas las acciones mencionadas y muchas más son actividades a las que las personas se dedican, aunque pongan el énfasis en alguna en particular, y por eso, contestan a la pregunta sobre el *sentido de la vida* tomando en consideración sus intereses y motivaciones individuales. Esto demuestra que, para cada cual, la vida tiene un sentido personal más o menos trascendente, pero al fin y al cabo, ese es su sentido.

En la vida terrestre, en el ser humano, el alma está unida al cuerpo, pero de forma puramente accidental, el cuerpo es una cárcel de la que el espíritu debe liberarse a través del conocimiento y la virtud. Platón[112] asemeja la unión entre el cuerpo y el alma como el jinete y el caballo o como el piloto y la nave que gobierna. El único *sentido de la vida* es precisamente la liberación de las ataduras materiales.

Ahora bien, ¿posee la vida, en sí misma, un sentido general, o son sentidos personales solamente? ¿Existe un *sentido de la vida* supremo? ¿Es premeditado e inamovible? Tal vez la respuesta de muchos desde una perspectiva individual a estas cuestiones sea: llegar a saber qué somos, de dónde venimos, adónde vamos, qué hay más allá de la muerte.

Estas son y han sido las inquietudes fundamentales desde el origen de los tiempos; filósofos y místicos se han venido ocupando de ello desde entonces. Las respuestas han estado y están ahí, pero el materialista y tecnológico mundo en el que vivimos no las admite como buenas y pretende que sea exclusivamente la Ciencia la que responda. Sin embargo, si esperamos que esta nos dé la solución ¡lo tenemos claro! A lo sumo llegará a explicar de una manera unitaria las leyes que rigen el Universo, pero incluso este punto, visto siempre desde la subjetividad del observador y de los conocimientos limitados que tiene en ese momento. La Ciencia no podrá jamás aclararnos si existe o no un Hacedor del Universo que sea el origen de todo y todos, y en consecuencia *qué somos* y *de dónde venimos*; si somos un efecto del azar surgido del *big-bang* o, por el contrario, si nuestra existencia obedece a un Plan Divino. Tampoco la Ciencia nos dará respuesta a cuál es nuestra relación con el Creador de la vida (si es que lo aceptamos) que nos daría la clave de nuestro destino ahora y para siempre. Lo que sí ha hecho la Ciencia, como dije anteriormente, es proponer teorías que fácilmente cambian con los años.

¿Y la filosofía? ¿Tenemos tal vez una respuesta filosófica? Pues no, como dice el profesor Renato Huerta[113]:

> [...] Esta pregunta no tiene una única respuesta, aunque si un rango acotado de ellas, caracterizado por su coherencia racional. [...] La pregunta busca una explicación racional a nuestras limitaciones existencia-

les, pero es también una pregunta vital, porque nos afecta en lo más profundo de nuestro ser y por lo mismo no puede dejarnos indiferentes. Es una pregunta, que como en ninguna otra, estamos doblemente implicados. La pregunta además se plantea ante la evidencia de nuestra finitud, es decir, de la muerte que nos espera al final tanto de la vida individual como de la social. Pues no sólo el individuo desaparece sino incluso los imperios han desaparecido a lo largo de la historia. Pero si todo está abocado a sucumbir, ¿por qué y para qué existe? Frente a tal pregunta, la Filosofía nos clarifica la situación con otra pregunta que implica una doble interrogante. ¿Tiene sentido la vida o se lo damos nosotros? Respondiendo que sí, la vida tiene sentido estamos afirmando que ésta tiene un sentido objetivo, externo a nosotros, dotando de dirección, significación y finalidad al mundo. Respondiendo que no, afirmamos que su sentido sería precisamente el que nosotros le diéramos con nuestros proyectos, actos y valores, ordenados según nuestros intereses hasta conseguir que todo tenga algún sentido para nosotros. Tal es el sentido subjetivo. Sin embargo, hay que precisar que de lo anterior surge otra distinción conceptual. Se trata del sentido inmanente de la vida, es decir, el sentido que encontramos en las entrañas mismas de la vida y que se agota en su finitud. Y del sentido trascendente que nos dice que éste estaría fuera, más allá de la vida terrenal que es sólo un reflejo de una vida más plena. Ejemplo de este sentido trascendente es la visión filosófica de Platón, quien nos presenta a Sócrates en el Diálogo Fedón enseñando que la muerte es sólo el final del viaje de la vida, viaje en donde nos purificamos. La muerte es para Sócrates la culminación de esta purificación para luego pasar a otra vida, es decir, a algo trascendente, puesto que el alma humana es para el filósofo una realidad inmortal. Otro ejemplo aún más brillante es el de la alegoría de la caverna en donde las sombras nos remiten a la luz trascendente representada por el sol. Ejemplo de sentido inmanente es el de los filósofos panteístas que afirman que Dios y el mundo son una sola realidad, por lo tanto, si el mundo posee todos los atributos de la divinidad posee, también, sentido por sí mismo.

[...] Por otro lado, respondiendo a que la vida no tiene sentido por sí misma sino que es el ser humano el que ha de dárselo, están los filósofos más contemporáneos como Nietzsche, Husserl, y Sartre, entre otros. Para ellos el sentido de la vida no es independiente del ser humano. Por ejemplo, para Nietzsche la concepción según la cual el mundo tiene un orden y sentido, ya sea éste inmanente o trascendente, ha sido superada. El hombre ha tomado conciencia de que todo lo que consideraba como sagrado, santo, bello y bueno, no lo era en sí mismo sino porque él lo valoraba así. El hombre se descubre como aquel que valora, aquel que da sentido. La vida tiene el sentido que nosotros le damos y en ello reside la grandeza del hombre. Ya no podemos hablar de un bien y un mal objetivo. Por eso, en *Así habló Zaratustra*, su obra más famosa, el personaje central es el predicador persa que siete siglos antes de Cristo enseñó que había un Principio del Bien y un Principio del Mal. En la obra, Zaratustra viene a enmendar su error, a decirnos que no hay un bien y un mal en sí mismos. El bien y el mal son lo que nosotros hacemos que sean, pero nosotros estamos más allá del bien y del mal.

Por tanto, después de una profunda reflexión, estudio y experiencia, algunos podemos afirmar que ni la Ciencia ni la Filosofía nos están ayudando a encontrar una respuesta a las cuestiones trascendentes que den sentido a nuestras vidas, y probablemente, no lo harán nunca. La Ciencia puede ser un magnífico instrumento en manos del hombre, pero siempre y cuando se limite, estrictamente, a su campo experimental y no entre en atribuirse autoridad filosófico-religiosa, para negar, arrogantemente, la existencia de aquello que no puede demostrar, puesto que no encaja en los límites de sus estrechos paradigmas. La filosofía como nos explicada líneas atrás el profesor Huerta, tampoco nos dará una respuesta concreta y objetiva.

Entonces, ¿dónde buscaremos las respuestas? Las respuestas las conocemos todos y cada uno de nosotros, lo que sucede es que están ocultas en lo más profundo de nuestro ser, recubiertas de muchos velos que impiden su manifestación. Los grandes Maestros de todas las épocas han proporcionado las claves para extraerlas del pozo en el que se encuentran. Así pues, no busquemos respuestas complejos dogmatismos u oscuras especulaciones metafísicas. La respuesta está muy próxima, está en nosotros mismos, y *tan cerca como nuestra propia vena yugular*.

El misterio de la vida ha sido, es y será la gran cuestión de todas las escuelas filosóficas y biológicas, desde la más remota antigüedad hasta nuestros días. La única certeza que tenemos al respecto es que vivimos, que la vida habita en nosotros y que tenemos el deber de cuidarla y desarrollarla lo mejor que sepamos y podamos. Y como Herman Hesse, nosotros también podemos afirmar algo, y es que la vida de todo hombre precisa un sendero —como expresa él—, un sentido, una dirección y un propósito. La vida no puede ser una sucesión de hechos carentes de orden ni concierto, de días sin faro ni puerto al que dirigirse, de acopios, trabajos y fruiciones. *Tenemos un origen y un destino*, y las rutas están para comunicar un lugar con otro. Por tanto, la vida, entendida como experiencia consciente, exige un compromiso en busca de las respuestas: ¿Cuál es mi origen? ¿Cuál es mi destino final? ¿Quién es *ese* que transita y que busca respuestas?

El sentido de la vida, muy bien podría ser, el proceso de búsqueda incesante, el deseo de conocernos y descubrir esa joya, la esencia de nuestro ser, el ser esencial; así como el descubrimiento del camino que nos conducirá a comprender La Verdad que se oculta tras los velos del mundo. Victor Frankl[114], respecto de esta cuestión nos señala, que para quienes no han sabido o podido desarrollar el sentido de sus vidas, el pasado se convierte en una carga que se arrastra, el presente en un problema y el futuro es una amenaza.

Sin embargo, el hombre común está dormido, como en estado de hibernación, y para que la vida habite en él, debe despertar, y para despertar debe morir. No se trata de una muerte física, sino de la aniquilación del ego. Cuando el ego sucumbe, y el hombre comienza su propia búsqueda, se transforma en un buscador en busca de sí mismo. Entonces dejará atrás todas las preguntas excepto una: ¿Quién soy yo? Después de todo, el único hecho del que se puede estar seguro es que es. Sin embargo, el «yo soy» es cierto solo en su momento presente, pero, ¿qué o quién es en otra dimensión? El «yo soy esto o aquello» es falso. Por tanto, esfuérzate por encontrar la realidad de tu ser. Conócete a ti mismo, y conocerás a tu Señor.

> Sangrar también a la derecha Eso en quien todos los seres residen y que reside en todos los seres, que es el dador de gracia a todos, El Alma Suprema del Universo, el ser sin límites —yo soy eso.
>
> Amritbindu, Upanishad[115]

> Eso que penetra todo, a lo que nada trasciende y que, como el espacio universal nos rodea, llena todo completamente desde dentro y desde fuera, ese Supremo Brahma no dual —eso eres tú.
>
> Sankaracharya[116]

Aunque ya hemos hablado de ello en los capítulos precedentes, conviene hacer hincapié, y es que para saber lo que tú eres, primeramente debes identificar y conocer lo que tú no eres. Y obviamente, tú no eres tu cuerpo, tú tienes un cuerpo; tú no eres tus sentimientos, tienes sentimientos; tú no eres tus pensamientos, tienes pensamientos, tampoco eres el tiempo, el espacio, esto o eso, nada concreto o abstracto que percibas puedes ser tú. El propio acto de percibir te demuestra que tú no eres lo que percibes. En la medida en que comprendas que el nivel de conciencia en el que te encuentras, que solo puedes describirte usando términos de negación (no soy esto..., no soy aquello otro...), más rápidamente llegarás al fin de tu búsqueda y te darás cuenta de que eres un ser sin límites.

La inquietud por descubrir la propia realidad es el primer impulso o necesidad que el ser humano siente desde su juventud e incluso, desde la adolescencia. Es la misma fuerza que empuja al hombre a crecer y desarrollarse, y es parte de la evolución de la humanidad y de cada individuo. Esa inquietud profunda no se fundamenta en la búsqueda del placer o del gozo de la vida; tampoco en el deseo de autoafirmación y reconocimiento social, lo que éste más ansía es encontrar un sentido a su existencia, encontrar respuestas a sus porqués, saber si todo tiene un sentido o por el contrario es solo una promesa que nunca se alcanzará o realizará.

Si observamos las actitudes humanas en todas las vertientes que llenan sus días, podemos encontrar que cada una de las acciones conduce a las personas a plantearse preguntas de forma casi permanente. Si van a emprender una nueva actividad laboral, se cuestionarán: ¿qué ganaré?, ¿qué beneficios obtendré?, ¿prosperaré? Si sufren alguna dolencia o enfermedad: ¿Cómo me curaré?, ¿qué medicamentos serán los que me ayuden? Si quieren ir de vacaciones: ¿adónde voy?, ¿cómo viajo? Y así, cada vez y en cada circunstancia.

El hombre pregunta y se pregunta acerca del proceder en cada situación, desde lo más complejo, como podría ser su desconocimiento acerca de los últimos descubrimientos en bioquímica, hasta lo más simple, como cuando se encuentra a un conocido y le pregunta ¿cómo estás?, ¿cómo te encuentras? Es evidente que el sentido de la curiosidad y el descubrimiento es lo que nos mueve, lo que ha permitido que la sociedad progrese y que las civilizaciones se desarrollen. Si el ser humano no hubiera o no se hubiese preguntado no existiría una sociedad, ni cultura ni religión ni ciencia ni avances de ningún tipo.

Como a los niños pequeños, a los adultos, nos nueve la curiosidad, la avidez de conocimiento. Esta facultad básica se desarrolla como un instinto natural, como una facultad intuitiva, como una necesidad biológica, y nos conduce al afán de saber, a la búsqueda del conocimiento que es, en realidad, nuestro sentido general de la vida, y que pudiéramos decir que es el *sentido de la vida* en sí.

Por tanto, cabe decir que la vida tiene su propio sentido, como si estuviese orientada a través de nuestra conciencia a la formidable tarea de sabe*r*, de conocer, de alcanzar la máxima comprensión de todas las cosas. He aquí el *sentido de la vida* visto desde la profundidad que surge del propio hecho de vivir, no ateniéndonos a un sentido individual y particular, aunque también, sino de la propia necesidad de saber, que como ya hemos visto, es común a todos los humanos como algo espontáneo y natural.

Igual que nuestro inconsciente dirige las funciones orgánicas, asimismo la intuición nos guía en las funciones intelectuales, aunque en muchas ocasiones se la ignore. Así pues, el auténtico y profundo sentido de la existencia humana, su verdadero sentido es saber (en el sentido de conocimiento por experiencia, no como acumulación de información). Tal conocimiento alcanza al mundo, al más allá, a todo lo pensable e impensable e incluso, a nosotros mismos. Por tanto, nuestra función en la vida, en este mundo, es conocer, aprender a aprender, aprender y experimentar, abriendo una senda hacia la luz de la sabiduría. Alcanzar el *Conocimiento* es el sentido general de la vida, lo que da valor, consistencia y motivación a nuestras acciones, seamos conscientes o no de ello. Pero no confundas acumulación de datos con conocimiento, ya que como reza el dicho: «Información sin experiencia es lo mismo que un asno cargado de libros».[117]

Sin embargo, el *sentido de la vida* personal será el que el propio individuo construya. Me explico, la persona será la resultante de su historia personal, de los múltiples patrones de la vida social y cultural que actúan sobre su educación y que lo moldearán. Del mismo modo que, como organismo, es la resultante de los múltiples genes que intervienen en la fecundación de la cual es fruto. Pero, así como carece de todo sentido biológico decir que el individuo está condicionado por el óvulo y el espermatozoide tomados aisladamente, tampoco podemos decir que la persona está «sentenciada» a ser de una determinada forma por los componentes culturales y sociales en los que les toca vivir. La vida del individuo no está marcada por un determinismo moral o espiritual, sino que este sentido será el resultado de la historia personal que ha de recorrer.

Por lo tanto, el *sentido de la vida* no es una predestinación, no está asignado ni prefigurado ni puede estarlo, ya que le es comunicado a la vida por la propia persona a medida que ella experimenta y elige su existencia. Toda determinación es una negación, una renuncia o una huida de otros sentidos posibles.

Tengamos presente que el concepto de *sentido de la vida* es una abstracción, ya que no puede ser, solamente, descrito por lo que es, sino también por lo que ha dejado de ser, por las potencialidades que constituyen su espacio de libertad. Es por ello, por lo que los significados o fines profundos de la vida tienen siempre algo de oculto, de inesperado e incluso, de enigmático y contradictorio con otras posibles trayectorias. En todo caso, el fin no está designado a priori, sino que se desprenderá poco a poco del propio proceso de desarrollo de la vida en la persona.

El hombre es capaz de vivir e incluso morir por sus ideales o principios, pero no puede inventar él mismo estos ideales o valores. Podemos descubrir el sentido de nuestra vida, pero no inventarlo. La vida del hombre no es, pues, un estado de satisfacción bucólica, sino un esfuerzo, un conflicto, una búsqueda continua, unos momentos fugaces de felicidad, un aprendizaje permanente, una lucha para construir el camino, el descubrimiento de una solución al problema fundamental, una serena satisfacción por las obras bien realizadas, una aventura del *Conocimiento.* Y en consecuencia, el ser humano es esencialmente esta tensión entre el desánimo o abatimiento y la aspiración o deseo.

Como dije, el hombre común permanece en un estado de aletargamiento, y para que la vida se manifieste en él debe *despertar.* Es por tanto, un ser inacabado en busca de la plenitud, un ser contingente. Contingente significa que en este momento es pero podría no haber sido; que su existencia es un don, algo recibido gratis, como un usufructo que se puede usar, pero no se puede disponer como dueños. El hombre es un ser contingente porque recibe la existencia. Él por sí mismo no podría decidir su existencia, tiene el ser pero no es el ser; el hombre no es su existencia sino que la recibe.

También es un ser inacabado, puesto que tiene los potenciales, las capacidades latentes que necesita desarrollar a lo largo de su existencia para que se conviertan en recursos y habilidades útiles para su propio proceso de evolución y el de los demás.

El hombre común, aun aparentando ser feliz no lo es, está insatisfecho, quiere realizarse según su proyecto pero muchas veces esto no le es posible. La mayoría de los seres humanos no alcanza siquiera un minuto de realización, ya que el *sentido de la vida* es una actitud y no un objetivo finito. Aunque tal actitud pueda manifestarse en algo concreto en un momento determinado, no es bueno confundir el sentido de una vida con ese algo concreto mismo, aunque eso sea, por ejemplo, el cuidado de un marido o una mujer y de los hijos. Una actitud es algo inespecífico, ya que se trata de un conjunto de sentimientos, emociones y comportamientos. El *sentido de la vida* es algo muy por encima de los hechos concretos, y nos tiene que marcar el rumbo hasta que nos muramos, permitiéndonos adaptarnos a todas las situaciones que pudieran surgirnos. Por ello, no puede ser algo limitado respecto a un momento determinado.

El óptimo *sentido de la vida,* desde mi comprensión y experiencia, es la búsqueda de uno mismo para que, una vez descubierta la misión en la vida, hagamos lo máximo que podamos en pro del bien de los demás, con los recursos (físicos, mentales y espirituales) de que dispongamos. Al hablar de ayudar a los demás no estoy platicando de grandes obras como las realizadas por los santos o por las ONG's del Tercer Mundo, bastaría con apartar un obstáculo de la calle con el que alguien podría tropezar, ayudar a un minusválido a subir a una acera, comer frugalmente pensando que cada minuto mueren varios niños de hambre. Por supuesto, ese hacer en un momento determinado también puede ser criar a los hijos o realizar un trabajo que genere unos ingresos; pero a pesar de que estemos ocupados en algo concreto, es necesario no perder de vista la dimensión total de la propia vida, o dicho de otro modo, necesitamos ver la globalidad de lo que podemos hacer. ¿Qué quiero decir con esto? Pues que, aunque realicemos una acción puntual, no hay que perder la visión del conjunto. Por ejemplo, criar los hijos es una acción puntual, pero, a su vez, también se integra en el beneficio social que repercute de una educación en los valores superiores. Con un enfoque global hacia la sociedad, curiosamente, se educa mejor a los hijos que si el único objetivo y las únicas miras son los propios hijos o uno mismo. Si no se tiene presente la perspectiva universal en la educación se corre el riesgo de maleducar a los hijos y transmitirles una actitud egoísta, que en absoluto sería beneficiosa ni para ellos ni para la sociedad. Si el *sentido de la vida* es los hijos y nada más, se les hace daño; muchos padres podrían pensar que no pueden perder un segundo en otros temas que no sean concernientes a su hijo. Tengamos en cuenta que a los hijos se les educa con el ejemplo, y el ejemplo es la vida de los padres y los valores más o menos elevados que estos transmiten con sus hechos.

El *sentido de la vida* no puede ser exclusivamente ni la familia ni el trabajo ni los hijos ni un pariente desvalido, quien centra sus días en eso solamente están cometiendo un grave error egoísta. Por supuesto que hay que ayudar, es una condición humana, pero hacer de la ayuda a otro el sentido de la vida resulta restringido. Tal actitud de servicio es loable pero limitante si no se considera la dimensión total en la que se encuentran inmersas las acciones. El *sentido de la vida* es una condición que puede concretarse en un momento determinado en todo ello, pero no es eso.

Teniendo un sólido *sentido de la vida* podremos adaptarnos adecuada y armónicamente a los cambios y fluctuaciones que nos trae el devenir, como «el abandono del nido» (emancipación de los hijos), enfermedades, pérdidas, fallecimientos, etcétera; además de permitirnos entender que la labor social o familiar es parte de una dimensión mayor, y no una actividad sin más conexión con el resto de la vida. Conviene recordar que lo que sirve en una etapa puede no ser lo más conveniente en otra. Muchas personas, especialmente madres, llegan a creer que su existencia ha llegado al fin cuando los hijos se marchan definitivamente de casa, y no se dan cuenta de que, a pesar de eso, la vida sigue adelante ofreciéndoles infinidad de alternativas para continuar creciendo como personas.

Todo lo expuesto hasta ahora está muy bien, pero de nada serviría si no se ponen manos a la obra y para actuar necesitamos preguntarnos ¿cuáles son los requisitos para llevar a cabo nuestros propósitos globales y darle *sentido a la vida*?

Antes de responder conviene reflexionar sobre el hecho de que hasta el hombre (o la mujer) más afortunado se siente insatisfecho de lo que es y de lo que hace. Da igual lo que tenga, lo que sea, lo que haya conseguido. Lo mismo ocurre con los que han fracasado. La insatisfacción está asentada en lo más profundo de su ser, tanto en unos como en otros. Dos soluciones parecen brindar una respuesta al hombre insatisfecho:

1. Eliminar sus deseos y quedarse tranquilo con lo que tiene, desterrar su aspiración de plenitud y vegetar; por lo que vivir o morir le daría lo mismo.
2. Emprender la búsqueda más allá del tiempo y de las circunstancias para alcanzar la realización de su ser.

La primera opción lo llevaría, inexorablemente, al fracaso como ser humano. El hombre espera más de lo que tiene, tiende, constantemente, muchas veces por medios equivocados, a la felicidad perenne que, en la mayoría de los casos, nunca podrá encontrar mientras viva. La muerte, inevitablemente, acaba con toda felicidad temporal.

La segunda propuesta es la que abre al hombre a la plenitud, a conectar con su *esencia,* a un sentido trascendente de la existencia, a la integración con la globalidad de la creación. Y conste que no estoy hablando de una esperanza vaga que sin duda podría ser una ilusión, un engaño, una incapacidad para aceptar la dura realidad de la vida. Ciertamente, muchas personas se aferran a esa falsa esperanza por la inconsciente cobardía para aceptar la certidumbre de la muerte física. No entienden cómo podrían alcanzar una felicidad que está más allá de la muerte. No entienden cómo ser felices en vida pretendiendo una felicidad que está más allá de la muerte. El hombre como ser finito, contingente, y limitado, si se crea falsas ilusiones de plenitud y de felicidad imposible, él y solo él, es el responsable de las inevitables desilusiones.

Cuando el intelecto humano queda constreñido en un horizonte finito, la voluntad tiende, exclusivamente, hacia el bien conocido, hacia el ser finito, manifestado por el intelecto. Mientras que, si el intelecto tiende a una apertura infinita, también la voluntad tiende a un deseo infinito. Pretender que el hombre se acomode a lo temporal y al presente limitado es como matar al hombre, cortarle la tensión natural hacia el bien infinito y hacia la plenitud.

Han sido muchas las fórmulas usadas, a lo largo de los siglos, para encontrar una salida eficaz a este conflicto humano, desde las más ateas y catastrofistas a las liberales o incluso, hasta las trascendentes. Como reproduje al principio de este apartado, transcribiendo las palabras de Renato Huerta, cuando se niega el sentido de la vida surge el humanismo ateo. Su máximo exponente, Jean Paul Sartre[118], afirmaba que «el hombre, sin ninguna norma o modelo preestablecido, con una libertad sin límites, tiene el deber ineludible de elegir autónomamente que tipo de hombre quiere llegar a ser y que valor o sentido quiere dar a su vida». Otros, en cambio, aun compartiendo el ateísmo «sartresiano», sentencian con la célebre frase: «La vida del hombre tiene este sentido: el no sentido». En consecuencia, para estos pensadores la vida en sí no tiene sentido porque es el propio individuo el que tiene la responsabilidad de darle el que libremente quiera.

Es muy fácil constatar cómo el materialismo ateo carece de respuestas sobre el futuro del hombre después de la muerte, concluyendo que ahí acaba todo. Algunos de ellos afirman que hay que conformarse con la inmortalidad del recuerdo de las generaciones futuras, que la única forma de trascender es seguir viviendo en la memoria de los que vivirán después de nosotros.

Si esto fuera así, si la muerte es la conclusión absoluta de la vida del hombre, nada tendría sentido, seríamos como una estrella fugaz que ilumina y se apaga en pocos segundos. A mi todo eso me parece absurdo, pero además, es que, incluso, los propios ateos se revelan ante esta conclusión, no aceptan que la existencia no tenga sentido y buscan todo tipo de salidas a su falta de esperanza. Entonces, ¿de qué serviría tanta libertad si todo termina en la nada?

Este es el motivo por el que las mayores inquietudes e ignorancias del hombre son todas aquellas concernientes a la muerte. El máximo enigma de la vida humana es la muerte. El hombre no comprende su dimensión y sufre con el dolor y la disolución progresiva del cuerpo. Pero su máximo sufrimiento no está provocado por la idea de la muerte física, sino por el temor a la desaparición eterna. Y tiene justificación resistirse a aceptar la idea de la disolución total y sin retorno. Esa puede ser la espoleta que desencadene la necesidad de adquirir una conciencia plena sobre la vida y la muerte. Vuelvo a insistir en que no estoy hablando de falsas esperanzas que son limitaciones asentadas en el miedo a la muerte, a la culpa y al sufrimiento, y que como única salida a esas emociones negativas, la mayoría de las veces, la gente cae en una fe ciega religiosa o incluso, en el fanatismo. Esa no es la vía de escape. La puerta no la encontrarás nunca fuera sino dentro. El conocimiento de sí mismo, la disolución de las barreras del «yo», la experiencia de lo sobrenatural son las herramientas con las que contamos para liberarnos del miedo y el sufrimiento que nos causan esas ideas restrictivas. Se trata de experimentar *la muerte en vida*, para seguir vivos eternamente.

> La mayoría de la gente nunca piensa que un día moriremos. Sin embargo, quienes aceptan esa verdad acaban pacíficamente con sus conflictos.
>
> Buda

Momento de intimidad

Por último, como cierre a este capítulo, te propongo las siguientes preguntas a modo de reflexión. Simplemente, léelas y con sinceridad, con total objetividad respóndete: sí o no.

1. ¿Percibo la realidad sin distorsión y no me veo amenazado por lo desconocido?
2. ¿Me acepto a mí mismo y a todo lo que me rodea?
3. ¿Soy espontáneo y natural, y no oculto nada?
4. ¿Soy generoso y nada egoísta?
5. ¿Tengo capacidad para tratar todos los problemas con ecuanimidad?
6. ¿Me concentro con intensidad?
7. ¿Soy capaz de distanciarme y mantener mi intimidad cuando lo necesito?
8. ¿Soy independiente y facilito la independencia de los demás?
9. No necesito la opinión ajena ni los elogios.
10. ¿Soporto bien la tensión?

11.¿Aprecio la experiencia directa y sencilla?
12.¿Acepto el cambio sin miedo ni temor?
13.¿Soy rico emocionalmente y me siento motivado con frecuencia?
14.¿Me siento imparcial y objetivo?
15.¿Me preocupa mi propio código de conducta e intento ser coherente?
16.¿Tengo sentido del humor constructivo?
17.¿Tengo disposición a cambiar mis creencias y soy comprensivo con las creencias de los demás?
18.¿Soy capaz de integrar y ajustar mi escala de valores?
19.¿Siento que mi mente se expande, en ocasiones percibo como una disolución de los límites?
20.¿Conozco mi vocación?
21.¿Sé cuál es la misión en mi vida?
22.¿Conozco mi identidad?
23.¿Mi trabajo se corresponde bastante con mi vocación?
24.¿Llevo a cabo lo que considero que es mi misión en la vida?
25.¿Pensar en la muerte altera mi estado de ánimo?

8

LOS VELOS QUE OCULTAN LA ESENCIA

Te crees en el trono, pero estás al otro lado de la puerta. No ejerces dominio sobre tus propias pasiones, ¿cómo puedes entonces distinguir el bien del mal?

Yalaludin Rumi

Ya sabemos que el sentido de la muerte está, inseparablemente, vinculado al *sentido de la vida*. Nuestra limitada conciencia física solo abarca al hoy, al presente inmediato, pero nuestra razón también considera el ayer y el mañana; por este motivo, ya que nuestra existencia es intelectiva y sensorial, inevitablemente nos cuestionamos qué es lo que ocurre con «uno» después de la muerte. Lo cierto es que para responder a esta pregunta antes hemos de considerar qué o quién es ese «uno». Y sí, ¿somos mortales o inmortales? ¿Somos solo materia, o existe en nosotros una parte inmaterial y eterna?

Desde Oriente a Occidente todas las tradiciones que se fundamentan en la *philosophia perennis* establecen una clara distinción entre *esencia* y existencia, entre *ser* y suceder. La existencia es un continuo devenir de hechos, un encadenamiento de momentos de conciencia, ninguno de los cuales iguala al siguiente; o lo que es lo mismo, una persona nunca es la misma en dos instantes diferentes. Esos relámpagos de circunspección nos permiten recordar el pasado e imaginar el futuro, pero el fugaz segundo del presente es irreconocible e inexistente. Cuando nombramos el presente ya es pasado, cuando decimos que algo «es», ya ha dejado de ser para convertirse en algo diferente. La ilusión de que permanecemos inalterables es debida solamente a una escasa percepción que tenemos de los cambios y de la nimiedad de los mismos.

Esto es aplicable tanto para la psique como para el cuerpo. *Mente y cuerpo son sistemas en permanente cambio y evolución*, nuestra conciencia es una corriente, un flujo continuo, y «no es posible nadar dos veces en las mismas aguas de un río»[119]. Además, individualmente considerado, cada sistema ha tenido un comienzo, y debe, en consecuencia, tener un final.

Muchas personas equivocadas se aferran a la idea de que podría ser la mente la que sobreviva al inefable momento de la muerte. Pero, incluso si aceptamos una continuidad en el caso de la psique (mente-personalidad) que pueda sobrevivir a la disolución del cuerpo[120], evidentemente, la supervivencia de la conciencia implica una duración, pero no proporciona ninguna prueba de que tal existencia deba durar siempre. El tiempo es un concepto dimensional relativo a nuestro mundo y además, una experiencia subjetiva. Aun admitiendo que el Universo pueda contener muy diferentes «mundos» (dimensiones, niveles de conciencia), no puede ser concebido independientemente del tiempo en la mente humana. La restrictiva mente, por ejemplo, pregunta ¿qué hacía Dios antes de crear el mundo? O, ¿qué hará cuando el mundo llegue a su fin? Inevitablemente vinculamos mundo y tiempo no pudiendo concebirlos de manera independiente. Si suponemos que el Universo ha tenido un comienzo, igualmente suponemos que llegará a un final en el que ni tiempo ni espacio sigan existiendo. Esto significa que todo lo que existe en el tiempo y en el espacio, más tarde o más temprano, debe llegar a su fin.

Quiero subrayar este aspecto, pues es importante comprender que las «pruebas» espiritualistas de la supervivencia de la personalidad, incluso si se acepta su validez, no son pruebas de inmortalidad, sino tan solo de prolongación de la existencia personal. Plantear como solución la supervivencia temporal de la personalidad es solo posponer el problema del significado de la muerte.

La *Tradición Perenne* nos sugiere que para la persona concreta, con nombre, apariencia y personalidad, no hay inmortalidad posible. Su existencia, en cualquier condición, es siempre cambiante y todo cambio es la muerte de lo anterior. Pero también nos dice que hay en nosotros una parte «divina» inmortal y eterna, cuyo destino final es fundirse en la Unidad.

Desde el conocimiento espiritual y desde la razón, se afirma, igualmente, que este ser humano pensante de carne y hueso es mortal, y que nada de todo esto perdura después de la muerte. Todo tiene un origen y un final, lo que ha nacido debe morir, lo que es compuesto debe descomponerse, y sería un absurdo luchar en contra de lo que es inherente a la propia naturaleza de las cosas. Sin embargo, el problema no termina aquí, ya que, ciertamente, nada de la naturaleza mortal, por mucho que perdure, jamás se transformaría en inmortal. El *conocimiento original*, sin embargo, insiste en que existe una trascendencia más allá de los límites espacio-temporales, y que para alcanzar ese estado debemos conocer nuestra *esencia* (lo único perdurable), qué y quiénes somos.

Lamentablemente, la mayoría de la gente ha confundido y sigue confundiendo el contenido con la forma, lo real con lo accidental, creen que son una forma determinada; y en consecuencia, se ha olvidado de «sí mismos». De hecho, en general, la humanidad, insisto, está sumida en una amnesia total o estado de trance hipnótico, habiéndose creído que es una apariencia (una figura), confundiendo esta con su identidad esencial.

Conviene traer a la memoria que el término persona, del que deriva personalidad, no es más que una máscara tragicómica que nos colocamos para disfrazarnos y ocultar las vergüenzas en el teatro de la vida, mientras la verdadera identidad del actor permanece oculta. No nos identifiquemos con el personaje, más allá de él hay un «otro» que ve, piensa y actúa; no es el personaje el que ve, piensa y actúa, este es solo una pantomima. De igual modo, más allá del «yo» que crees ser, hay en ti «otro» que ve, oye, piensa y actúa a través de ti. Se trata de una *esencia*, «fuego», «espíritu» o «vida» que nunca deviene alguien; un principio que informa y anima a un cuerpo tras otro, que es lo único que transmigra de un cuerpo a otro, que nunca ha nacido y nunca muere, aun cuando esté presente en cada nacimiento y en cada muerte. El gran Maestro de la Tradición, Jalaludín Rumi, lo explicaba en este poema:

> Una y otra vez he crecido como el pasto:
> He experimentado setecientos setenta moldes.
> Perecí como mineral y fui vegetal;
> muerto como vegetal me convertí en animal.
> Partí del animal y me volví hombre.
> Entonces, ¿por qué he temer a desaparecer a través de la muerte?
> La próxima vez moriré,
> y tendré alas y plumas como los ángeles:
> Y luego me elevaré más allá de los ángeles,
> aquello que no puedes imaginar. Eso seré.[121]

Afirmar que hay varios «yoes» en nosotros no es nada nuevo, ya lo hemos explicado. Si repasamos la historia de la metafísica nos encontramos con que el *alma* mortal (física y psíquica) y la inmortal están presentes en Platón, *psyche* y *pneuma*; en la tradición china como el «sabio interior» y el «sabio exterior»; el *nafs, ruh y sirr* del Islam; el «hombre interior» y el «hombre exterior» del cristianismo; el cuerpo, el *ego* y la *esencia* de la Tradición Perenne

¿Quién muere entonces? ¿Quién vive eternamente? ¿Qué le sucede al ser humano con la muerte?

La respuesta dependerá de quién la formule y referente a qué. Si hablamos desde un «yo» mortal, como material que es, no creo que perduren más allá del recuerdo de sus obras. Ahora bien, si nos lo preguntamos desde lo más profundo y sincero de nuestro corazón refiriéndonos a la *esencia*, ¿qué es lo que podría morir? Para bien o para mal esta es inmortal.

«Conócete a ti mismo (tu esencia) y conocerás a tu Señor.»[122]

«Muere antes de morir.»[123]

«El reino de Dios es sólo para quienes hayan muerto por completo.»[124]

«El alma debe darse muerte a sí misma.»[125]

«Vivo, más no yo, sino que es Cristo quien vive en mí.»[126]

Solo los «muertos» pueden saber lo que significa estar muerto.

La comprensión de estos significados: vida y muerte, finitud y eternidad, disolución y permanencia, no se alcanza de la noche a la mañana, ni por arte de magia. Es un proceso elaborado que requiere compromiso y necesidad, y que obligatoriamente pasa por la disolución de las barreras que el *ego* levanta para no ser aniquilado.

El *ego* no quiere que te ocupes para nada con el pensamiento de la muerte, quiere que te mantengas narcotizado, creyendo que ese momento jamás te llegará a ti. Se inventa patrañas para que sueñes que siempre vivirás. Pretende mantenerte subyugado y que no te cuestiones nada que pueda hacerle perder su dominio. Sin embargo, como repetía mi Maestro en muchas ocasiones: «En esta vida solo podemos tener certeza de dos cosas: una que tenemos que pagar impuestos y la otra, que vamos a morir».

Por tanto, si eso es una evidencia, y todos los días la tenemos frente a nosotros (guerras, asesinatos, catástrofes naturales, suicidios, accidentes automovilísticos, etcétera), cómo es que a la sociedad, en general y a cada una de las personas, en particular les preocupa tan poco su conocimiento. Si te dijeran que dentro de muy pocos días tienes que viajar a un lejano destino, donde nunca antes has estado y del que no sabes nada, para vivir allí el resto de tu existencia, ¿te interesarías por conocer algo del lugar, de cómo son sus gentes? ¿Cómo se vive allí? ¿A qué se dedican sus habitantes?

Cuando la persona alcanza cierta edad todo esto ha de estar ya suficientemente claro y concreto, de manera que en cada momento tenga las evidencias de si lo que hizo, hace o se propone hacer, o si le acerca o le aleja de sus propósitos. Si le permite o no ser congruente consigo mismo y con su proyecto de vida, sin temores y sin visiones tenebrosas del fin.

Comentaba, algunas líneas atrás, que la vida de todo hombre debería tener un sentido, una dirección. Pues bien, uno de los elementos indispensables para que la vida tenga sentido y merezca la pena ser vivida es la «conciencia de sí mismo». Sin conciencia no puede haber *conocimiento*, y sin *conocimiento* no hay *existencia real*.

Desde el nacimiento hasta la muerte física se están produciendo continuas modificaciones, tanto en el organismo como en la psique. El cuerpo crece y se desarrolla, cambia, se transforma, se modifica, se adapta al medio y a las necesidades. La mente por su parte va estructurando, aprendiendo, generando nuevas y, cada vez más complejas capacidades. En conjunto, el hombre (y la mujer) se van completando para llegar a ser capaces de sobrevivir autónomamente en el medio. Sin embargo, cada época, cada etapa de la vida del individuo está marcada por una serie de necesidades y prioridades que está impelido a alcanzar inexorablemente, y no puede eludirlas, de lo contrario su desarrollo se verá interrumpido y malogrado sufriendo con ello nefastas consecuencias.

Uno hace el esfuerzo, el proceso natural sigue su curso y —aunque el proceso esté expuesto a incertidumbres— lo normal es que se coseche lo que se siembra. Y, desde luego, si no deposita las semillas en la tierra, si el campo no se trabaja, lo normal es que no se recojan más que malas hierbas.

Hoy en día proliferan las terapias y sistemas de desarrollo humano que se venden como relámpagos, ciertamente, con alguno de ellos se puede salir del paso mediante determinadas técnicas (Pensamiento Positivo, Inteligencia Emocional, Gestalt, incluso la PNL, y muchas otras). Pero, atención, porque estas tienen un resultado eficaz a corto plazo de carácter superficial y la mayoría de las veces, de duración limitada. No es de estas técnicas sobre lo que escribo. Sí es cierto que con ese tipo de terapias se consiguen algunas mejorías, pero nada que modifique profundamente los vicios del "ego" que supongan un cambio auténtico. Los parches solo sirven para salir del paso.

Sería fácil conseguir que una persona tímida o insegura proyecte una impresión favorable en otras personas mediante el desarrollo de ciertas habilidades personales, o mediante cualquier técnica de persuasión. Pero esas capacidades secundarias no tienen ningún valor en las relaciones personales prolongadas y menos aun, en la naturaleza profunda del individuo. Algunas de las terapias citadas tal vez puedan producir, de modo ficticio, que esa misma persona tímida del ejemplo anterior cause un buen impacto en una entrevista, en un encuentro o en una interacción más o menos ocasional. Sin embargo, dudo mucho que pudiera mantener esa imagen y una congruencia en una convivencia de años con su pareja, sus hijos, sus compañeros de trabajo o sus amigos. Si no hay una transformación personal e integración profunda junto al desarrollo de un carácter sobrio, antes o después, los embates de la vida harán emerger las intenciones ocultas, y el fracaso en las relaciones humanas acabará imponiéndose sobre el momentáneo éxito.

Ciertos individuos muestran una aparente personalidad arrolladora alardeando de cierta categoría personal, e incluso cuentan con el reconocimiento social por sus supuestos talentos, pero dentro, en su vida privada, carecen de una verdadera calidad humana. Estoy convencido de que tarde o temprano y de modo inevitable, esa mezquindad personal, esa hipocresía se traslucirá en su vida social y en todas sus relaciones personales prolongadas, y acabarán siendo desenmascarados o ignorados. Hay personas que se muestran como llenas de aparente éxito pero en realidad son profundamente infelices y están sometidas a las exigencias del propio estilo de vida que llevan, quizás maravilloso ante los ojos del vulgo pero ellas mismas se sienten traicioneras de la existencia que, realmente, les hubieran gustado o querido llevar.

En cambio, están esos otros seres que nos dejan boquiabiertos al contemplar la grandeza de sus vidas y obras: Nelson Mandela[127], la Madre Teresa de Calcuta[128], Gandhi[129], Martin Luther King[130], y otros.

Estos son tan solo unos pocos ejemplos de vidas ejemplares, vidas con sentido más allá de lo personal. Vidas marcadas por una idea transpersonal que inyecta el ímpetu y el poder necesario para sobrellevar cualquier contratiempo que se presente, ya sea físico o mental, de los dominadores fácticos o estructurales, individuales o colectivos. Tales prohombres y mujeres deberían ser faro y guía para seguir sus pasos, y no los «cutres» y tenebrosos «personajillos» que la TV y prensa rosa imponen para que la gente los considere modelos a imitar. ¡Este es uno de los cánceres más graves que tiene la sociedad actual!

Y yo me pregunto, ¿qué hay detrás de toda esta ceguera? ¿Acaso solo unos pocos nos percatamos de la degradación que está sufriendo la humanidad? ¿No se dan cuenta que la historia se repite cíclicamente? ¿Nadie se ha detenido un momento a recapacitar? ¿Qué condujo a la desaparición de la cultura egipcia, atlante, asiria, maya, persa e incluso griega y romana? No es posible que, de entre tantos millones de seres, solo haya unos pocos que se den cuenta de lo que acontece. ¿Y entonces? ¿Cómo permitimos que suceda otra vez?

Sin duda existen, y siempre han existido imperios[131] que pretenden adueñarse del planeta a cualquier precio y exprimirlo hasta sus últimas consecuencias, sin importarles nada ni nadie, su único fin es el lucro y el poder.

Y también me pregunto, ¿cómo ha sido posible que esto ocurra? Indudablemente, no es cosa fortuita, ni un hecho que suceda de la noche a la mañana. Y a las pruebas me remito.

Cuando a una cultura, a una comunidad, a un pueblo, a una familia o a una persona se le arrebatan sus valores tradicionales, profundos y superiores, ¿qué les queda? Nada, vacío existencial, sinsentido. Estoy plenamente convencido de que cuando a un pueblo se le priva de sus valores trascendentes este se precipita hacia el vacío y la autodestrucción. Términos como libertad, igualdad, solidaridad, ayuda, servicio, se vacían de contenido o se tergiversan para que la chusma no se sienta responsable de sus actos.

Una nación no puede ser fuerte si no cree en Dios.
Platón

El hombre común es incapaz de sobrevivir en ese vacío, porque el *ego* necesita algo a lo que aferrarse. Si no tiene nada superior a lo que asirse, se agarrará a lo primero que se le ofrezca o pille. Eso es lo que ha sucedido a lo largo de la historia de la humanidad, y nosotros podemos constatar cómo se ha incrementado en los últimos cincuenta o setenta años. Hemos visto como, uno tras otro, se han ido desmontando y decapitando los valores morales, éticos y trascendentes sin apenas hacer nada por evitarlo. Valores como la familia, la religión, la hermandad, la hospitalidad, la ayuda a los demás, han perdido su sentido, o se han relegado como funciones de ONG o iglesias, y que el sujeto con marcar la casilla del 0,7 en la Declaración de la Renta ya siente que ha cumplido. En otros casos, incluso más lamentables aún, aquellos valores que nos impregnaban hasta la muerte se han convertido en meros espectáculos folklóricos buscando diversión, o políticos buscando propaganda y poder. O si no, ¿qué son ahora las romerías, las ceremonias religiosas: bodas, bautizos, y hasta los funerales? ¿Y la generosidad humana, acaso no ha sido sustituida por los espectáculos televisivos para la recaudación de fondos, mientras el hijo del vecino se muere de hambre[132]? ¿Para qué acude o participa la gente en procesiones? ¿Qué queda de la familia más allá de las felicitaciones y comidas conmemorativas? ¿Dónde está la hospitalidad de los pueblos de antaño? ¿Dónde está esa disposición al servicio, ese socorro desinteresado y anónimo?

Hoy solo se busca un placer, un disfrute o una ganancia inmediata. Beneficio que puede venir en forma de reconocimiento social, fama, distracción, poder, dinero o emocionalidad. Por tanto, cuando los valores a los que aspira una persona no sobrepasan la escala de lo material o emocional, ¿qué sentido le está dando a su vida? Obviamente un sentido materialista, hedonista o emocional, que pronto se quema y no queda nada, y de nuevo vuelve el sinsentido de la vida.

A muchas personas les cuesta abordar estas preguntas tan sencillas y tan cruciales que conducen al *despertar*, al descubrimiento del verdadero *sentido de la vida;* y en definitiva, a la misión que como seres humanos tenemos con respecto a nuestros semejantes.

¿Por qué y para qué vivo? ¿Qué sentido debe tener mi vida? Fácilmente se tienden a eludir esas cuestiones, a aplazarlas continuamente para que se silencien definitivamente, o en el mejor de los casos esperando a que la misma vida se lo acabe descubriendo.

> Una vida sin propósito es una muerte prematura.
>
> Goethe[133]

Lo malo es que, si retrasas mucho la fijación de un propósito, corres el riesgo de encontrarte un día con la impresión de haber vivido hasta ese momento sin apenas sentido. Y cuanto más tarde sucede esto, más difícil resulta corregir el rumbo, tanto, que a muchos ese descubrimiento les llena de angustia y lo sepultan bajo la adicción al trabajo, una pose escéptica o un activismo irreflexivo y desmesurado.

Hay etapas en la vida que propician, más que otras, la tendencia a hacer un balance de la misma: la adolescencia, al término de los estudios, cambios familiares, el nacimiento de los hijos, la crisis de madurez de los cuarenta o cuarenta y cinco años, la jubilación, la pérdida de facultades propia de la entrada en la ancianidad y tal vez, alguna que otra más. En muchos de esos balances existenciales es fácil pensar (en ocasiones con poca objetividad) que se podría haber hecho mucho mejor uso del tiempo ya consumido, y por eso pueden dejar un cierto sabor amargo, de lo que pudo ser y no fue, de tantas limitaciones, de tantos errores y fracasos. Sin duda, ahí faltó un genuino sentido de vida.

¿Qué quieren decir esas personas al manifestar que su vida carece de sentido? Podría decir sin temor a equivocarme, como ya he repetido varias veces, que el *sentido de la vida* no es ni más ni menos que aquello por lo que nos merece la pena vivir, lo que nos motiva y mantiene vivos. Aunque dicho así queda muy bonito, es inevitablemente abstracto.

¿Y qué es lo que nos motiva a vivir? ¿Qué es eso que nos mantiene vivos? ¿Para qué vivimos? ¿Para qué hacemos lo que hacemos? ¿Para qué nos esforzamos de la forma que lo hacemos? ¿Cuál es nuestra máxima aspiración en la vida? La respuesta a estas y otras preguntas similares nos darían la clave de cuál es o debería ser el sentido de nuestra vida. El tema es mucho más serio de lo que en un principio parece, y aun más para aquellas personas que han pasado o están en la barrera de los cuarenta años. Y no porque este sea un número fatídico, no; si no por ser la edad en la que se produce una inflexión en la vida de la mayoría de los seres humanos como más adelante veremos.

¿Qué es lo que sacará a esta persona del vacío existencial? Solamente un *sentido de vida* que trascienda la materialidad y las limitaciones que tiene y, eso viene dado, sin duda, por los valores superiores: transpersonales o espirituales.

9

VALORES E IDENTIDAD

Cuando veáis a un hombre sabio, pensad en igualar sus virtudes. Cuando veáis un hombre desprovisto de virtud, examinaos vosotros mismos.

Confucio[134]

Los vicios que se manifiestan son los más ligeros: los peligrosos son aquellos que se esconden bajo la virtud.

Séneca[135]

Como bien dijo Goethe: «Una vida sin sentido es una muerte prematura». ¿Y qué es lo que le da sentido a la vida? También hemos departido de ello, son los valores por los que nos movemos. Valores que pueden ir desde lo más elevado a lo más materialista. ¿Pero todo el mundo sabe de qué está hablando cuando discute de valores?

Definimos los valores como generalizaciones y nominalizaciones y, por tanto, abstracciones de aquello que queremos conseguir como fin último de nuestras acciones. Son aquellas cosas por las que estamos dispuestos a esforzarnos, sacrificarnos, o incluso cambiar, para alcanzarlas.

Los valores son fundamentales en la existencia humana. Vamos tras ellos para incorporarlos como algo vital para nuestro desarrollo y evolución y, en la medida que los conseguimos pasamos a otros de nivel superior. Si nos quedáramos atrapados en una búsqueda incesante queriendo más de lo mismo, estaríamos impidiendo el crecimiento de nuestro ser *esencial* al que solo le satisface el valor de la trascendencia.

Ahora bien, cuando se consigue un valor y éste se asienta en la persona, el valor deja de ser una meta para pasar a ser una pertenencia que hay que conservar, puesto que ya no es necesario luchar para alcanzarlo. Es decir, el valor adquirido deja de serlo y se transforma en cualidad personal. Por ejemplo, cuando alguien se propone alcanzar un valor como la amabilidad y la alcanza, ya no tiene que sacrificarse ni esforzarse para ser amable, la amabilidad está en él y fluye en todas direcciones. Verá con facilidad la amabilidad en los demás, sin preocuparse de si está en él o no, puesto que le pertenece como cualidad y ésta fluye a través de él. Es por eso por lo que se dice que lo que ves en los demás es porque está en ti.

Para la mayoría de las personas comunes un valor representa únicamente el grado de utilidad inmediata o aprecio, para satisfacer una necesidad a corto plazo que le proporcione placer o bienestar. Ese sería el grado más bajo de comprensión. Sin embargo, internamente, en el plano psíquico, como ya he referido, un valor es aquello por lo que estamos dispuestos a esforzarnos, sacrificarnos e incluso a cambiar para conseguirlo. Éste es un grado más elevado. Y en el nivel espiritual sería aquello que nos permite superar las barreras del yo, que es el punto más alto de comprensión de los valores.

Hasta hace bien poco tiempo la psicología academicista ignoraba los valores como elemento clave dentro de la estructura de la personalidad. Sin embargo, han estado y están presentes en la cultura y en la educación desde los albores de la humanidad y en todos los pueblos y tradiciones. Los pensadores y filósofos de la antigüedad eran grandes expertos en la comprensión del significado de los valores superiores y verdades espirituales. En cambio, el hombre «moderno» es diestro en avances científicos, pero ignorante o inmaduro en los misterios del espíritu, que incluso rechaza por temor o incomodidad. Lo intangible, la conciencia, aquello que se asienta en las profundidades del ser es lo que hace que seamos lo que somos, pero lamentablemente eso no está de moda, eso no está en la lista de prioridades, eso no es de valor para la «sociedad del bienestar».

Existe la falsa creencia de que el mundo actual «obliga» a seguir un patrón determinado. Lo cierto, como ya he mencionado en varias ocasiones, es que la mayoría de la geste está programada y manipulada por los poderes fácticos sin posibilidad de elección, o mejor dicho, haciéndoles creer que pueden elegir, aunque la elección sea ficticia: huevo frito o tortilla; el caso es que decidas lo que decidas comerás huevo.

¿Alguna vez te has detenido a reflexionar sobre la cantidad de condicionamientos y programas a los que has sido sometido te dominan? ¿Te has percatado de cómo los programas que tienes instalados te condicionan y que te obligan a pensar de una determinada forma? ¿Te has dado cuenta de cómo tu credulidad e incredulidad, tus valoraciones del bien y del mal son programas que te manejan? ¿Te has dado cuenta de que tus creencias no son propias sino, en la mayoría de los casos, impuestas?

Tu mente, tu conciencia y tu espíritu necesitan de ideas genuinas para poder construir una estructura sólida que te garantice una vida libre y autónoma donde tus logros y tu destino te sean propios. De las ideas y valores superiores nacen los sentimientos reales y auténticos, libres de mangoneos y dependencias. Esto permite que el espíritu humano influya en el cuerpo, dando una calidad de vida real. Para alcanzar la autonomía, la libertad, para elegir, disponer del propio pensar, tienes que borrar o desinstalar los programas infectados que te obligan a seguir con las pautas erróneas con las que operas día a día. De ese modo permitirás que el espíritu pueda tomar la adecuada dirección que marcará el sentido de tu vida.

¿Cuáles son esos *programas condicionadores*? ¿De dónde proceden esos programas que aún hoy te obligan? ¿Quién o quiénes fomentan el mantenimiento de los *programas condicionadores*?:

1. Medios de comunicación: televisión, prensa, radio, cine y publicidad directa y subliminal, que te instan permanentemente a qué comprar, cómo vestirte, qué hacer, cómo divertirte, qué consumir, incluso qué pensar o en qué creer.
2. El núcleo familiar es quien instala gran parte del sistema de valores o antivalores: lo que es bueno o malo, peligroso o seguro, lo que importa o lo que no importa, con quién o con quién no salir, jugar, ser amigo, qué diversiones son lícitas, qué estudiar, en qué trabajar, etcétera.
3. Los centros educativos (religiosos o laicos) que tendenciosamente inclinan la formación hacia sus intereses, presionando para odiar todo lo que sea contrario a sus idearios.
4. La religión dominante que condiciona la relación con lo divino, exigiendo una única forma de establecer esa conexión. De igual modo, el ateísmo impuesto, la ausencia o marginación de lo religioso conduce a comportamientos sociales que rayan lo antinatural e inhumano.
5. Gobiernos e instituciones públicas: las ideas políticas y servidores interesados. Los dirigentes que con tal de mantenerse en el poder mienten, ocultan y manipulan para que el vulgo acepte sus paranoias y delirios. Los legisladores que con sus «avanzadas» leyes perfilan el modelo de sociedad por ellos diseñada y que nada o muy poco tiene que ver con las necesidades e intereses del ciudadano de a pie.

En muchos casos, sobre todo en los apartados 2, 3 y 4, los programas han llegado a ser tan catastróficos para la persona que se han transformado en traumas, fobias o miedos tan intensos que excluyen cualquier posibilidad de acción relacionada con el programa en cuestión. Necesitas liberarte de estas cadenas que te aprisionan y te sumergen día a día, cada vez más, en el fango de la dependencia. Así, en el momento en el que descubres que tu forma de pensar no te es propia, cuando tomas conciencia de que lo que sale por tu boca son las palabras de tal o cual personaje público, padre, tutor, locutor, periódico o «famosillo», entonces, y solo entonces, es cuando comienza la autentica independencia y liberación. En ese momento el *espíritu* puede comenzar a manifestarse en lo cotidiano.

Por lo tanto, para desinstalar los *programas condicionadores* es imprescindible traer el *espíritu* a nuestras vidas, a la cotidianidad, al día a día, y para ello, primeramente debes adquirir la *conciencia de ser*, que no es sino abrirte totalmente al *aquí y ahora*, a la reflexión sobre el instante, sobre los actos y el para qué de los mismos. Esa reflexión te conducirá a descubrir tus propios valores y la escala de los mismos.

Para el hombre, desde la más remota antigüedad, han existido cosas valiosas o abstracciones que valoraba: Verdad, Felicidad, Virtud, Sabiduría, Bien Supremo. Sin embargo, el criterio para jerarquizar o valorar ha variado a través de los siglos. Ciertamente existen distintos juicios de valoración (estéticos, sociales, éticos, morales, espirituales) dependiendo del grado de madurez o evolución de una sociedad o, en otros términos, también, de naturaleza económica como utilidad, beneficio, bienestar social, etcétera.

Pero, ¿qué se entiende comúnmente por valor? Este concepto abarca contenidos y significados diferentes y ha sido abordado desde muy diversas perspectivas. Por ejemplo, desde el punto de vista humanista, se entiende por 'valor' aquello que hace que un hombre (o mujer) sea lo que es, sin lo cual perdería lo que le caracteriza como humano.

Desde mi visión transpersonal y espiritual, y coincidiendo en cierto modo con lo dicho anteriormente, los valores son aquello que cimienta la identidad y le da sentido a la vida. Como fundamento de nuestra existencia requieren de un trato especial y un conocimiento riguroso para poder trabajar con ellos. Por tanto, resulta imprescindible profundizar y conocer su dinámica: cómo influye en la vida del hombre, cómo se aprenden, cómo actúan, etcétera.

Como hemos visto, el ser humano está envuelto con una inmensa maleza de condicionamientos que impide a la *esencia* manifestarse: los *velos.* Estos son algo así como las pautas de aprisionamiento, la complacencia en ciertos sentimientos vulgares que bloquean el uso correcto y las manifestaciones del *espíritu.* Los *velos*, también conocidos como «cualidades culpables»[136] de que no se manifieste la inmensidad de la *esencia,* son los que nos atrapan y obstaculizan la exteriorización de la misma. Estos eufemismos son:

1. **La fantasía.** Los deseos basados en la ignorancia de lo que debería ser y en suposiciones de lo que le conviene. El sujeto se cree que lo sabe todo y que no necesita la guía de nadie para avanzar en su desarrollo. Es algo así como el deseo irracional incontenible: ¡Quiero eso, y lo quiero ya!
2. **Huida de la realidad.** Esto sucede cuando la persona usa falsos argumentos y razones para justificar pensamientos y acciones que están centrados en su egoísmo y no en la realidad última.
3. **La falsedad o hipocresía.** Este velo no es otra cosa que la vanidad, que pretende con falsedades y engaños que los demás lo consideren por encima de su condición o valía. También tiene que ver con el ansia de poder, posesión y seudoindependencia (creerse que no necesita de nada ni de nadie). Una de sus manifestaciones más obvias es la reacción violenta ante las situaciones que no encajan con sus pretensiones.
4. **Carencia de una autovaloración objetiva.** Se trata de un modo de narcisismo, cuando el sujeto se cree más agraciado que los demás, ya sea en el aspecto físico, mental o espiritual.
5. **Ilusión de ser una persona evolucionada.** Es una burda manifestación de orgullo, el sujeto se considera por encima del resto de los hombres, creyéndose más santo, fiel, sabio, cumplidor y evolucionado que los otros.
6. **Avaricia y envidia.** Este velo se caracteriza por acaparar todo lo que sea: información, atención, reconocimiento y por el enfermizo deseo de querer tener lo que corresponde o tienen los otros.
7. **Voracidad irreflexiva.** El deseo de más, cuanto más mejor, vendría a ser como la codicia o lujuria.

8. **Irrealidad e irresponsabilidad.** Se manifiesta por el deseo de alcanzar algo que solo existe en la mente. Es un frenético estado de búsqueda de falsos ideales. El sujeto construye una fantasía y se empeña en alcanzarla.
9. **Falta de disciplina, constancia y paciencia.** Es el velo que se muestra como la tendencia al cansancio y abandono cuando no se consigue lo que el sujeto tiene previsto alcanzar en el plazo, o de la forma predeterminada que él cree que tiene que ser, sin considerar que las cosas son como son y no como él cree que deberían ser.
10. **Dejadez, apatía o negligencia.** Es la pereza intensa que se demuestra con una falta de conciencia de lo que es necesario en una situación o para un individuo.

Estas «cualidades culpables» en mayor o menor número están presentes en la mayoría de las personas que jamás han realizado un trabajo de desarrollo sobre sí mismos; incluso después de años de esfuerzo en esa dirección se siguen manifestando. Para eliminar estos velos se necesita pasar y superar ciertas fases en las que se asientan el común de los humanos[137].

En la primera fase o el estadio inferior en el que se asientan los hombres, el individuo sin autoconciencia se considera que posee una personalidad coherente y unificada, sin percatarse de que no es sino una multitud de «yoes» incoherentes y anárquicos. Para salir de este trance, el sujeto debe empezar a comprender que, como el resto de los humanos dormidos tiene una personalidad fragmentada, múltiple y cambiante, un «regimiento de tontos» que controlan sus estúpidas e irreflexivas acciones.

Cuando la persona comienza a darse cuenta de su fragmentación puede entrar en la segunda fase. En esta la conciencia de sí mismo empieza a despertar comprobando el automatismo de los pensamientos y la veleidad de los mismos. El individuo se avergüenza de verse como es en realidad y hasta donde puede caer si prosigue con su actitud presente. A partir de aquí, trabajando en su auto-observación y corrigiendo sus desvaríos saldrá de la vulgaridad para iniciar la siguiente fase.

El tercer estadio es el principio de la unificación mental. El «regimiento de tontos» deja de ir a su aire, por acción de la disciplina y voluntad, y es gobernado con firmeza por la conciencia. Ahora el sujeto es capaz de ascender en el grado de operatividad mental, dejando de ser algo superficial y trabajando en niveles superiores hasta entonces desconocidos.

Cuando el proceso anterior se estabiliza, la persona alcanza la etapa de serenidad, equilibrio y ecuanimidad, abriéndose a partir de ahí a nuevos horizontes en su desarrollo que no es descriptible nada más que con metáforas.

Diario de autoobservación

Esta es una propuesta para eliminar los velos. Se trata de que una o dos veces por semana hagas una reflexión, una autoobservación, que te permita comprobar tu estado, tanto tus avances como estancamientos, de tal modo que puedas mantenerte en la línea de trabajo evolutivo que vas siguiendo, y así poder incrementar tus esfuerzos y disciplina.

Respóndete por escrito a cada una de las siguientes preguntas:

- ¿Qué es lo que he aprendido desde la última vez que realicé esta reflexión?
- ¿Cuál ha sido mi saldo? ¿Qué he obtenido?
- ¿Cambió en algo mi vida? ¿En qué?
- Si no cambió en nada, ¿cuál ha sido el motivo?
- ¿Cuál es mi velo dominante, aquel que me genera mayores conflictos?
- ¿Cuándo, dónde y con quién he detectado que se me manifiesta más abiertamente?
- ¿Cómo se manifiesta?

- ¿Cuáles son las situaciones en las que entra en acción la dinámica de degradación?
- ¿Cuándo y cómo me dejo arrastrar por los deseos de poder, fama, posesiones y seducción?

- ¿Qué estoy dispuesto a hacer para frenar su inconsciente manifestación?
- ¿Cuál es mi intención en este momento?
- ¿Qué es lo que estoy haciendo ahora para erradicar esos velos de mi vida?
- ¿Qué más estoy dispuesto a hacer?
- ¿Cuál es el próximo objetivo de cambio que me propongo?
- ¿Qué pasos específicos voy a dar para alcanzarlo?
- ¿Qué valores son los que me sostienen ahora en mi vida?
- ¿Si detecto que no me acerco a ellos, qué nuevas acciones emprenderé para corregir la desviación?
- ¿Qué plazos concretos (especificar) son los que me voy a marcar?

10

LA JERARQUÍA DE LOS VALORES

El hombre es una infinitamente pequeña copia de Dios.
Bastante gloria es ésta para el hombre.
A pesar de mi insignificancia, reconozco que Dios está en mí.
Víctor Hugo[138]

La divinidad está en ti, no en conceptos o en libros.
Hermann Hesse

Es muy fácil caer en el error, al hablar de valores, de meter en el mismo saco cualquiera de ellos. Sin embargo, nada tiene que ver, por ejemplo, la ayuda al prójimo con el poder o la fama. Trabajar con los valores requiere que sepamos muy bien a qué nos referimos cuando tratamos con cada uno de ellos. Partiendo del concepto de valor haremos un recorrido por todo lo que conllevan, implican y suponen.

En cada periodo el hombre necesita una categoría distinta de valores que irán, como más adelante veremos, de concretos a abstractos, de específicos a genéricos, de particulares a universales y de materiales a espirituales. Jerárquicamente se conforman en el *continuum* espiritualidad materialismo, estando la escala directamente relacionada con el desarrollo natural del ser humano.

La clasificación es como sigue:

a. Espirituales
b. Transpersonales, Universales o de Humanidad
c. Morales o Éticos
d. Artísticos o Estéticos
e. Mentales o Capacidades
f. Conductuales, Relacionales o Educacionales
g. Vitales, Básicos o de Supervivencia

Para profundizar en el estudio de estos grupos me referiré a algunos de los valores que integran cada uno de los grupos de la escala, estudiándolos de abajo arriba, desde los más básicos y elementales a los más trascendentes y elevados. De este modo tendrás una guía para investigar y analizar de forma precisa las jerarquías propias o ajenas.

G. Valores vitales, básicos o de supervivencia

En este apartado incluiremos aquellos cuyo fin es el bienestar orgánico y la supervivencia, tanto individual como de la especie. Este grupo es propio de la dimensión física y se instalan automáticamente desde los primeros años de la existencia. Se trata de valores primitivos, antropológicamente hablando, debiéndose alcanzar de forma natural en el primer cuarto de vida. Aquí están entre otros: alimentación, cobijo, abrigo, salud, descanso, etcétera. Como se puede apreciar, fácilmente, son aspiraciones que ya tenían nuestros antecesores los *cromañones* y *neandertales*[139], e incluso los propios animales superiores. Se trata pues, de valores básicos e imprescindibles por naturaleza que una vez asegurados dejan paso a otros de rango superior. Sin embargo, cuando una persona adulta queda atrapada en esta categoría, es una clara señal de inmadurez psíquica y pobreza existencial. Es el caso del individuo que solo vive para disfrutar de la comida, que todo el sentido de su vida está centrado en el placer que le proporcionan los alimentos que traga, y que no existe nada más importante para él que sentarse a engullir lo que le echen. Quede claro que no estoy diciendo que no sea lícito disfrutar de las buenas viandas y exquisitos caldos, pero de ahí a que toda la existencia gire en torno a un plato de comida hay un abismo.

Como explicaba en el capítulo anterior, cuando se adquiere un valor, este pasa a ser parte de la naturaleza propia. Si por las circunstancias que sean, el niño de corta edad sufre un trauma relacionado con los valores vitales, es posible que no queden adecuadamente instalados y en consecuencia, por atrofia del sistema, se siga creyendo que no tiene suficiente o que aún no los ha conseguido. Este es un caso frecuente en adultos que en su infancia vivieron épocas de graves crisis: guerras, postguerras, catástrofes naturales, hambruna; o proceden de países tercermundistas donde el alimento, el techo o la salud son inalcanzables. Cuando alguno de estos sujetos sobrevive a ese periodo, y adquiere con gran esfuerzo la capacidad de generar sus propios recursos, centra su atención (en muchos casos) en proveerse de abundantes alimentos e ingerir grandes cantidades de comida. Se trata simplemente de un mecanismo de respuesta al trauma implantado en su infancia como consecuencia de la extrema necesidad vivida.[140]

F. Valores conductuales, relacionales o educacionales

Se trata de aquellos que aspiran a alcanzar un determinado aprendizaje conductual o habilidad motriz, tanto para satisfacción o mejoramiento personal, como para establecer relaciones idóneas. Este grupo también lo encuadraríamos dentro de los valores de naturaleza biológica. La cortesía, el protocolo, la urbanidad, bailar, alternar, manualidades, deporte, etcétera entrarían dentro de esta jerarquía.

Como en el caso anterior, estos se desarrollan (o se deberían desarrollar) entre la segunda mitad del primer cuarto de vida y la primera mitad del segundo. Si alguien quedara atascado en ellos sin superarlos e integrarlos, su proceso natural de crecimiento (psicofísico) quedaría interrumpido, o cuando menos deteriorado.

El ejemplo más característico y patético de este caso lo encontramos en aquellos individuos que a los cincuenta o más años siguen vistiendo como jovencitos «*dieciochoañeros*» o esos *hippies* trasnochados vagabundeando o asistiendo asiduamente a discotecas de moda, y llevando una vida de «marcha». Insisto en que no se trata del comportamiento puntual, y que ello sea negativo *per se,* lo que resulta patológico es transformar lo que es un momento o época de expansión en una expansión y evasión como sentido de vida.

E. Valores especulativos y de capacidades[141]

Tiene que ver con la búsqueda o adquisición de habilidades o disfrutes mentales. Es conveniente advertir que a partir de este grupo entramos en conceptos intangibles y de difícil cuantificación ya que tratamos con aspectos puramente intelectivos e inmateriales y, por tanto, subjetivos. Aprender, saber, profesionalidad, inteligencia, astucia, agilidad mental, inventiva, habilidad discursiva, lógica, inteligencia emocional, analítica, relacional, creatividad, etcétera, serían algunos de los valores que podríamos incluir en este bloque.

Realizar una distinción precisa entre los diferentes grupos que catalogamos como de naturaleza psíquica no es tarea sencilla, por lo que es posible que se solapen o entremezclen algunos de ellos, ya que dependerán del modo de clasificación o de la dimensión conceptual.

D. Valores estéticos y artísticos

Comprenderían todos aquellos que aspiran a conseguir la armonía, la belleza y otros de naturaleza artística en general.

C. Valores morales o éticos

También pertenecen a la dimensión psíquica, y varían en función de las circunstancias psico-sociales, culturales, étnicas y temporales. No son los mismos valores morales los de la cultura china que los de la musulmana o judeocristiana. Tampoco tienen mucho que ver los de Harbin (Manchuria) con los de Hong Kong; ni los de Afganistán comparados con los de Jordania, ni tampoco los de Holanda con los de Ohio.

Respeto, honradez, ayuda, integridad, compromiso, mantener la palabra, etcétera serían algunos de ellos, aunque como indiqué en el párrafo anterior, dependiendo de la cultura tendrá una medida diferente para cada uno de ellos. Puede ser incluso que algunos pueblos hayan degradado tanto alguno de estos conceptos que ya no existan como valores. Por ejemplo, en el caso del respeto, un valor que antes implicaba urbanidad, educación y buenas maneras, adecuado comportamiento, atención a los mayores, obediencia a los progenitores y a las personas de conocimiento o posición; hoy día, en algunos lugares se ha deteriorado tanto, que respeto es simplemente un sinónimo de no-agresión. Por tanto, no es suficiente conocer el concepto del valor para situarlo en un grupo u otro, sino que necesitamos saber qué significado y contenido tiene para el sujeto en cuestión. Esta categoría de valores suele ser la más elevada a la que llega el común de las personas. Incluso encontrar, actualmente, individuos que se esfuercen por alcanzar valores de esta categoría ya es digno de consideración. La inmensa mayoría de la gente (al menos en Occidente) no va más allá de los valores mentales, o como mucho, estéticos. Es muy poco frecuente que las personas dispongan de valores genuinos que trasciendan la dimensión psíquica. Al igual que no es lo mismo tocar la guitarra que ser músico, tampoco es igual ir a misa o hacer el *salat*[142] o cualquier otra práctica religiosa, que ser una persona espiritual.

Pasando ahora a la dimensión espiritual del ser humano, encontramos dos grupos diferenciados de valores: los transpersonales o de humanidad, y los espirituales o trascendentes.

B. Valores transpersonales, Universales y de Humanidad

Este grupo de valores se encuentra más allá del aspecto individual humano. Aquí se dejará atrás el interés personal en bene-

ficio de terceros o del sistema al que pertenezcamos, pero no como respuesta a una autosatisfacción, demanda de reconocimiento, agradecimiento o afecto, sino como genuino interés por el otro olvidándose de sí mismo.

Es frecuente para los no iniciados en el tema o para quienes se manejan desde el *ego*, confundir los valores transpersonales con otros más bajos de naturaleza mental emocional. No es lo mismo la «entrega» de una madre silenciosa y sacrificada por sus hijos a los que ni pide ni exige nada que acepta sin conflictos sus actitudes y no espera nada a cambio, que aquella otra que también se sacrifica por los suyos pero generando dependencias emocionales, manipulando y exigiendo atención, agradecimiento y afecto. En el primero de estos dos casos la «entrega» es valor transpersonal; en el segundo sería un valor biológico (apego) o como mucho psíquico-emocional (seguridad, compañía u otros similares). Lo mismo ocurre con aquella persona que utiliza parte de su tiempo libre en «ayudar» a los necesitados prestándoles cualquier tipo de servicio (comida, atención médica, psicológica, techo, asesoramiento, etcétera), sin preocuparle lo mínimo sus propias incomodidades o esfuerzos. Esta persona solo quiere servir de «ayuda» a los desfavorecidos, y lo que menos le interesa es que se lo reconozcan o agradezcan. Otra cosa muy distinta es los falsos valores de aquellas otras personas que para aparentar, ocupar su tiempo libre o sentirse mejores que el resto, se dedican a realizar obras sociales, mercadillos benéficos o *shows* de caridad. Estos últimos nada tienen que ver con valores transpersonales.

Solamente la vida dedicada a los demás merece ser vivida.
Albert Einstein

A. Valores espirituales

Estos probablemente sean los más difíciles de acotar puesto que son abstracciones que corresponden a los *frutos del espíritu*, y alcanzarlos supone el mayor logro posible para el ser humano. Trabajar en pos de estos valores, supone un salto a niveles superiores de conciencia, ya que solo aspirando a la unificación con el Creador se pueden alcanzar.

Aquí encontraríamos todos aquellos valores que emanan de las cualidades divinas, sabiendo diferenciar estos conceptos supremos del uso vulgar que se suele hacer de ellos: Amor, Misericordia, Unidad, Sabiduría, Verdad, Conocimiento, Compasión, Gracia, Bondad. Más adelante profundizaremos en el sentido e importancia de estos valores, ya que de ellos depende en gran medida que la vida de la persona cobre una dimensión trascendente y eterna.

Fases en la adquisición de los valores

Existen numerosos estudios sociológicos, todos ellos muy respetables, que aportan valiosa información sobre las fases de instalación de los valores, así como la naturaleza de los mismos en función de la época histórica que a cada uno le ha tocado vivir. Ya expliqué como el *sentido de la vida* va cambiando con la edad, sin embargo, al margen del proceso natural de crecimiento, hay tres periodos principales por los que atraviesa la persona en el aprendizaje y adquisición de sus valores fundamentales. Por tanto, un individuo adulto aceptará o rechazará ciertos valores dependiendo de aquellos que incorporó en los periodos referidos.

Con respecto a las fases de incorporación de valores utilizaremos la propuesta por M. Massey[143], que la clasifica del siguiente modo:

1. Esponja
2. Modelado
3. Socialización
4. Práctica

El periodo **esponja** se desarrolla entre el nacimiento de la persona y los siete u ocho años de edad. Todo lo que sucede a su alrededor queda registrado como si fuese una cámara de filmación que almacena lo observado. De ese modo, los valores transmitidos a través de las conductas (verbales y no verbales) que despliegan los adultos (sobre todo los progenitores, padres adoptivos o sustitutos) son registrados e integrados. Da igual que los adultos del entorno sean o no conscientes de sus actos y palabras. Todo, y especialmente lo repetido, quedará impreso en las neuronas vírgenes del pequeño. Son numerosos y recientes los estudios sociológicos que concluyen (o al menos advierten de la posibilidad) que los maltratadores o maltratadoras nacieron y crecieron en un ambiente de maltrato. En la fase **esponja** se adquieren los modelos parentales de forma inconsciente pero muy profunda. En la mayoría de los casos, en torno a los 4 años queda instalada la programación de valores básicos o comunes que regirán a la persona a lo largo de su vida, siempre y cuando, posteriormente no tome conciencia de ellos y los cambie. Es frecuente que estos «errores de programación» permanezcan si no hay intervención terapéutica, o una crisis profunda que provoque al sujeto y le lleve a sentir la necesidad para solicitar ayuda y que con ella produzca el cambio.

La fase de **modelado** se extiende entre los 8 y los 13 años aproximadamente. En ella el sujeto adopta conscientemente aquellos valores que le favorecen y se ajustan a los previamente asimilados, especialmente los que le vienen dictados por los adultos más próximos. En esta edad se siente identificado con hermanos mayores, héroes de ficción, estrellas de cine, ídolos de la canción, líder de la pandilla. Copian, por así decir, los patrones de comportamiento y en consecuencia aceptan los valores que esos «paladines» les transmiten. En esta fase hay que tener mucho cuidado ya que los comportamientos derivados de los valores asimilados pueden hacer que se sedimenten personalidades patológicas («ninis», pandilleros y delincuentes), que se desarrollarán en la siguiente etapa.

La fase de **socialización** se inicia en la adolescencia entre los 13 ó 14 años, y llega hasta los 21 (siempre edades aproximadas). En esta se van incorporando criterios relativos a la convivencia, la relación, al grupo de pertenencia (pandillas, clubes, peñas, sectas, nacionalismos, etcétera). Esta fase puede llegar a ser la máxima aspiración a la que llegan muchos individuos que no concluyen su proceso de maduración y se quedan en un permanente estado de «eterna adolescencia».

La última fase, la **práctica**, puede durar toda la vida. En ella se reajustarán los valores que el sujeto ha ido adquiriendo a través de las experiencias vividas. En esta época se suprimen o incorporan conscientemente aquellas aspiraciones que se consideran necesarias y convenientes para alcanzar los objetivos de vida. Influirán, fundamentalmente, los valores básicos y comunes impregnados en su fase *esponja* y *modelado*, pues al haber sido los incorporados inconscientemente (especialmente los primeros) serán los patrones que le guíen en su evolución. De ahí la importancia de transmitir valores humanos, transpersonales y espirituales en los primeros años de edad.

Para entender el alcance que para el ser humano tienen los valores es necesario comprender que el hombre no solo es capaz de conocer por la observación sensorial y objetiva las cosas o los hechos, sino que también posee la facultad de tener juicio sobre ellos. Dicho en otros términos, no solo puede identificar, sino también valorar. Esta segunda capacidad (enjuiciar, emitir juicio o valorar) es *meta-lógica*, y no cabe explicación sobre ello. Entendemos aquí por *meta-lógica* aquello que está más allá de la lógica, que la sobrepasa y la engloba. Algo así como las dimensiones espaciales, donde el plano es *meta-lineal*, es decir, abarca a la línea. El espacio tridimensional es *meta-plano* y *meta-lineal* por ser una *meta-dimensión* del plano y la línea, es decir, contiene a ambas.

Otro ejemplo: el consumo de drogas es lógica y científicamente nocivo, pero muchos jóvenes, cuyo valor es el placer inmediato y la diversión, las consumen. Este placer y diversión son *meta-lógicos* respecto de su perjuicio a la salud.

Los valores no son solamente abstracciones o idealizaciones, sino que mantienen una forma de realidad por encima de nuestros juicios o apreciaciones. Los valores poseen características determinantes que se muestran como cualidades esenciales de los mismos, y los sitúan en una atemporalidad y adimensionalidad sin ubicación espacial ni temporal, específicas.

Es importante señalar que el valor en sí mismo no existe, carece de realidad intrínseca; para que exista ha de estar vinculado al hombre o a las cosas. Dicho así, podríamos referirnos a ellos como consecuencias de las cualidades esenciales que poseen hombres y cosas. Pero al mismo tiempo, como se desprende de lo anterior, no son objetivos ni subjetivos, sino que ambas realidades participan por igual en su existencia y fundamento.

Por tanto, existe una relación imprescindible entre el sujeto y el objeto (que puede ser una cualidad) para la apreciación del valor. Sin uno u otro el valor carece de sentido y por tanto, desaparece. Esto nos conduce a concluir, que los valores no pueden existir con independencia de las personas, las cosas o los hechos, pero a la vez, no son las personas, las cosas o los hechos en sí.

Algo adquirirá la categoría de valor siempre y cuando reúna los siguientes requisitos:

a. valer	g. duración
b. objetividad	h. unicidad
c. vinculación	i. satisfacción
d. polaridad	j. trascendencia
e. cualidad	k. versatilidad
f. complejidad	l. jerarquía

Veamos a continuación qué significan cada uno de estos requisitos referidos.

a. **Valer**. Es decir, que valga, que no sea solamente un ente o una entelequia, ha de existir como realidad. Los valores como ya hemos explicado, no son idealizaciones, tampoco realidades tangibles en sí mismas, sin embargo, han de ser valiosos, apreciados y queridos.

   Por ejemplo, la bondad o la amistad, no son realidades por sí mismas, tampoco son exclusivamente idealizaciones, ya que existen gracias a su pertenencia a algo o a alguien. La amistad sin la relación sujeto-objeto (otra persona) carecería de realidad y como idealización no tendría sentido ni consistencia real. Es querida por la importancia que tiene en cuanto a los sentimientos que mutuamente proyecta y, valorada por los beneficios humanos que transmite, pero siempre en relación con otra persona.

b. **Objetividad.** Un valor ha de ser objetivo, entendiendo con ello, que no dependa de preferencias subjetivas sino que mantenga su existencia por encima de apreciaciones personales. La objetividad implica una dimensión cuantitativa, y no solamente cualitativa. El ser humano valora las cosas o los hechos dependiendo de las circunstancias que le rodean, y esto es inevitable, puesto que está en el mundo e interactúa con él. Sin embargo, como reza el dicho oriental: «Un hombre hambriento y otro saciado no ven lo mismo cuando miran una barra de pan». En ambos casos el pan seguirá teniendo un valor intrínseco (en este caso nutritivo), es el sujeto el que cuantificará su necesidad o repulsa, pero la objetividad del valor del pan siempre estará en él.
c. **Vinculación.** Se trata de que debe existir una relación vinculante: «que dependa de...» No puede existir un valor con independencia de las cosas o del sujeto, como ya hemos explicado. Esto no quiere decir que exista una subordinación, sino más bien una adherencia, como una predicación del ser. De la relación entre el sujeto y el objeto nace la valoración y de esta el valor.
d. **Polaridad.** Los valores tienen dos caras. La filosofía china se refiere a ellos como el *yin* y *yang*[144] de la realidad. Solo es posible conocer estas realidades (los valores) por la manifestación de sus opuestos. No sería posible conocer la noche sin el día. La noche es la ausencia del día como el día es la ausencia de la noche. Asimismo, los valores, como las virtudes, no se podrían apreciar aisladamente como una única cara de la moneda, se conocen a partir de la presencia o ausencia de sus opuestos. La amistad no sería valiosa si no existiera la enemistad. Así, frente a la amistad estará siempre la enemistad; como frente a la bondad, la maldad; frente a la humildad, el orgullo; frente a la generosidad, la avaricia; frente la espiritualidad, el materialismo.
e. **Cualidad.** Se trata de una característica intrínseca de los valores, ya que estos emanan de la experiencia, aunque tengan mayor o menor cuantificación en el momento en el que son

percibidos. Una experiencia no es cuantificable en sí, posee una cualidad, aunque esta pueda ser en cierto modo cuantificada en relación con la intensidad de la percepción.

f. **Complejidad.** Otra de las características intrínsecas de los valores es su complejidad, ya que obedece a diversas causas, no se corresponde con una única relación causal sino que requiere de juicios complejos y decisiones complicadas.
g. **Duración.** Los valores no son momentáneos sino perdurables en el tiempo. Se reflejan en el curso de la vida y dan sentido durante largas etapas.
h. **Unicidad.** El valor no es divisible es una abstracción íntegra en sí misma. La verdad es la verdad y no se puede trocear. Podrán hacerse estimaciones sobre la proximidad o la lejanía con respecto a la consecución, pero el valor en sí es absoluto y único. Una persona podrá ser más o menos generosa, pero la generosidad es un valor no divisible.
i. **Satisfacción.** Cualquier valor debe proporcionar satisfacción a quien lo posee. Incluso los valores más sublimes, altruistas o espirituales conducen, aunque sea, a una *serena* satisfacción.
j. **Trascendencia.** Cualquier valor debe trascender al plano específico en el que se encuentra el sujeto. Si una persona se encuentra (visto desde la perspectiva de la evolución humana) ubicada en el plano mental debe aspirar a valores espirituales que corresponderían a un nivel superior, de lo contrario, si se concentra en valores de su mismo plano, estos perderían su naturaleza de valor para transformarse en metas u objetivos.
k. **Universalidad.** Los valores tienen aplicación en cualquier ámbito de la vida; conllevan formas de pensar, actitudes y acciones ejecutadas en cualquier lugar y momento que son las que reflejan los valores propios de cada individuo.
l. **Jerarquía.** Esta cualidad se refiere al rango que posee cada uno de los valores de la persona. Como sabes, estos se organizan jerárquicamente y, cada uno de ellos tiene un grado en la escala en función de la importancia que le adjudicamos. Generalmente, los valores se agrupan en tres grandes categorías:

1. Poder o control
2. Relación o filiación
3. Realización o metas

Los valores pertenecientes al grupo 1 son aquellos que se enfocan al dominio, al control de personas y/o situaciones o cosas; también a conseguir autoridad y fama. Los incluidos en el grupo 2 son los que pretenden o buscan la interacción humana, ya sea para establecer vínculos emocionales o físicos, dependencias o contacto social. Por último, los valores del grupo 3 son los enfocados a la consecución de objetivos cuantificables, a la ejecución de actividades, a la realización de cosas tangibles y a la adquisición de bienes materiales.

Una vez reconocidos nuestros valores como reales, el siguiente paso es fortalecerlos para consolidad la identidad. Esta, como aspiración y necesidad evolutiva, se encuentra directamente conectada con la espiritualidad, ya que es el basamento de la misma. Un individuo sin espiritualidad es como un árbol sin frutos. El nivel espiritual, en esta vida, es el techo más elevado al que podemos aspirar, y sea cual sea la naturaleza de esa espiritualidad, es la cumbre a la que tendemos. Cuando tomamos conciencia plena de nuestra identidad podemos conectar también con la misión o función en la vida que nos corresponde ejecutar.

La construcción de la identidad requiere esfuerzo, disciplina y sacrificio. Y es a través de la *autoobservación* como se consigue eliminar todos aquellos aspectos indeseables sustituyéndolos por las cualidades que queremos establecer. No es este un trabajo superficial ni improvisado y, como ya sabes, ha de tener sólidas creencias que lo sustenten y valores que le guíen.

Podríamos muy bien decir que nuestra identidad es como el tronco de un inmenso árbol, el eje de nuestro ser. Como tronco de árbol se ha desarrollado a partir de una simiente, y ha extendido sus raíces profundamente que le proporcionan la nutrición. Pero la nutrición no solo proviene de las raíces, sino que, como vegetal, también se nutre a través del otro sistema de raíces aéreas que son las ramas y las hojas. Esas ramas y esas hojas estarán moldeadas en función del sistema ecológico al que pertenezcan y a la propia naturaleza del árbol. De manera similar a la metáfora del árbol, nuestra identidad se mantiene gracias a una red invisible (interna) de raíces que forman las redes neurales estructuradas y conectadas, dando lugar a las estrategias de procesamiento que nos permiten percibir, tener creencias, valores, capacidades, etcétera. Hacia lo externo, la identidad se manifiesta (como en el caso del árbol) en función de la involucración que se tenga en los sistemas más amplios (familia, grupo, sociedad, etcétera).

Por tanto, ante todo, para desenmascarar esas tretas que utiliza el *ego* para mantener subyugada a la persona y poder construir una identidad sólida dirigida a darle sentido a nuestra vida, debemos:

1. Conocer los propios valores.
2. Saber cuál es su jerarquía.
3. Eliminar aquellos que interrumpen o impiden el progreso.
4. Incorporar valores superiores.

¿Cómo haremos para saber cuáles son los valores que nos mueven, aquellos por los que luchamos día a día?

- Haz una lista de aquellos valores que tú consideres que son importantes para ti con relación a diferentes áreas de tu vida: pareja, trabajo, relaciones, ocio, etcétera. Es decir, aquello que te atrae, te motiva, te mantiene firme y comprometido con ese aspecto en particular. Para ello debes preguntarte ¿qué es importante para mí con respecto a...? (Escribe en los puntos suspensivos el aspecto que estás valorando, por ejemplo, la pareja.)
- Y a continuación plasma en una lista los diez valores más significativos que uses en esa área. Mucha atención, no te engañes a ti mismo, una cosa son los valores que te gustaría tener, y otra muy distinta, los que tienes; se trata de conocer el estado actual, no lo que desearías que fuera.

Como aclaración veamos el siguiente ejemplo. Supongamos que en el aspecto laboral te gustaría trabajar en algo que te divirtiera, donde tuvieses la oportunidad de aprender, que tu creatividad pudiese manifestarse, y que además, tu remuneración creciera espectacularmente. Sin embargo, trabajas como funcionario en una actividad monótona y aburrida, todos los días repites las mismas rutinas y tu sueldo solo crece en función de los convenios y al incremento del coste de la vida. En definitiva, solo te mantienes en ese trabajo por la seguridad que te aporta un sueldo fijo de por vida. En el ejemplo previo tu valor principal y activo es la seguridad, en ningún caso son los valores que te gustarían: diversión, aprendizaje, creatividad y prosperidad económica.

Ahora, sabiendo que existe una gran diferencia entre los valores que te gustarían y los que realmente tienes, escribe la lista de los que realmente posees.

La relación de valores que viene a continuación la puedes usar para marcar en ella los que se ajusten a ti, aunque en principio te recomiendo que prescindas de ella y permitas que tu mente busque e identifique los tuyos.

Otra recomendación es que cuando trabajes con los valores lo hagas separando las distintas áreas de la vida: trabajo, relaciones personales, familia, diversión, desarrollo, etcétera; con el fin de tener claros todos tus intereses e inclinaciones. Si posteriormente te interesa determinar el conjunto de valores de vida, basta con seleccionar los primeros de cada enumeración, y esos serán los que muevan tu existencia.

Para comenzar escribe los diez que creas que son los más importantes para ti. Una vez hecho, clasifícalos por orden de importancia, y obtendrás tu propia jerarquía de valores. Recuerda que la pregunta que debes hacerte y responder es ¿qué es importante para mí en relación con (o respecto a)...? (Añade el área de tu vida con la que desees trabajar).

Listado general de valores[145]

· estudio	· amistad	· libertad
· alegría	· buen ambiente	· relaciones
· autonomía	· desarrollo	· poder

- consenso
- respeto
- experiencia
- compartir
- sexo
- diversión
- proyección
- contactos
- simpatía
- estabilidad
- servicio
- sinceridad
- igualdad
- virtud
- invención
- ganancia
- riqueza
- honradez
- paciencia
- fuerza
- amor
- variación
- deseo
- motivación
- progreso
- simplicidad
- lucro
- justicia
- cortesía
- ahorro
- éxito
- emociones fuertes
- novedad
- espiritualidad
- conocergente
- disponibilidad
- comunión
- comprensión
- dialogo
- viajar
- superioridad
- autosuficiencia
- compromiso
- compañerismo
- identidad
- profesionalidad
- conocimiento
- funcionalidad
- conexión
- sensualidad
- carácter
- independencia
- ternura
- seguridad
- mejora
- reto
- improvisación
- perfección
- valoración
- aprovechamiento
- integridad
- aprendizaje
- riesgo
- vivir bien
- ocupación
- confianza
- vínculo
- apoyo
- placer
- dominio
- disfrute
- sumisión
- dinero
- aventura
- ayuda
- estética
- prestigio
- estabilidad
- imagen
- gozo
- belleza
- creatividad
- atracción
- actividad
- fama
- rutina
- disciplina
- comodidad
- exclusivo
- prudencia

· sabiduría	· coraje/valentía	· sobriedad
· moderación	· modestia	· templanza
· equilibrio	· entereza	· honestidad
· humildad	· virginidad	· astucia
· distinción	· inteligencia	· religiosidad
· tranquilidad	· información	· sosiego
· amistad	· respeto	· castidad
· firmeza	· verdad	· dignidad
· renuncia	· soledad	· esfuerzo
· superación	· control	· felicidad
· delicadeza	· creatividad	· decisión
· cordialidad	· objetividad	· flexibilidad
· salud	· ética - moral	· santidad
· sacrificio	· mantener la palabra	· paz
· educación	· generosidad	· ecología
· fe	· responsabilidad	· silencio
· fiesta	· estar bien	· enseñanza
· armonía	· gratitud	· comodidad
· desapego	· satisfacer deseos	· unidad
· evolución	· ser oportuno	· hacer cosas
· puntualidad	· candidez–pureza	· progreso
· altruismo	· caballerosidad	· compasión

Una vez confeccionada tu relación, sométela al siguiente filtro para establecer la organización jerárquica, para ello procede del siguiente modo. Teniendo delante el listado confeccionado previamente, cuestiónate:

- ¿Si tuviera que prescindir de alguno de estos valores cuál de ellos descartaría?
  El que elimines en primer lugar, será el que ocupe el lugar décimo de tu jerarquía.

De los nueve restantes vuélvete a preguntar:

- ¿Si tuviera que prescindir de alguno de estos valores cuál de ellos excluiría?

La respuesta te dará el valor que ocupa el puesto noveno en tu escala. Y así sigues hasta que te quede solamente uno, que será el primero de la clasificación.

Ten en cuenta que en muchas ocasiones existe una total y absoluta confusión o tergiversación del concepto aplicable a los propios valores. La gente cree saber qué significa, o mejor dicho, cuál es el alcance de un concepto en particular; sin embargo, cuando reflexiona sobre ello se da cuenta de que lo que él creía que era nada no tiene que ver con su experiencia profunda, ni con su modo de actuar.

Por ejemplo, ¿Te has preguntado alguna vez qué significa, objetivamente, para ti la amistad? ¿Sabes cuál es su alcance y todo lo que implica? ¿Realmente, cuando hablas de amistad estás expresando lo que sientes, o es tan solo un concepto abstracto o sin contenido?

Cuando desconoces o sospechas que tus términos de referencia respecto a ciertos valores pudieran estar equivocados, poco claros o los confundes, utiliza el siguiente modelo de preguntas para extraer y reconstruir la deficiencia.

Preguntas:

- ¿Cómo sabes cuando eres / estás / tienes...? (Aquí colocarás cada una de las palabras que has escogido como valores) Por ejemplo, ¿cómo sabes cuando eres amigo de alguien? O, ¿cómo sabes cuando tienes amistad con alguna persona?
- ¿Qué significa eso para ti? (Se trata de que amplíes la respuesta anterior)
- ¿Cómo sabes cuando alguien te...? (Por ejemplo, ¿cómo sabes cuando alguien es tu amigo? o ¿te ama?, ¿te comprende?, etcétera; el valor que coloques aquí ha de implicar reciprocidad, no encajarían valores como altruismo, estar bien y otros.)
- ¿Qué provoca que te sientas...? (Amigo de alguien, amado, comprendido, etcétera.)

- ¿Qué detalles evidencian que para ti eso es...? (El valor descrito)
- ¿Cómo sabes que otra persona es / tiene /está...? (Aquí colocarás cada una de las palabras que has escogido como valores, pero visto en otra persona, por ejemplo, ¿cómo sabes que otra persona ama?).

Es muy importante recordar que el concepto definido no puede entrar en la definición. También procura evitar respuestas pueriles del tipo: ¡por qué lo sé! ¡Por qué lo conozco! ¡Por qué lo siento! No olvides que los cómo implican estrategias mentales para la comprensión, por tanto, exigen respuestas de acciones específicas. Y recuerda también que si un valor te conduce a otro, el segundo es de categoría superior.

11

LAS SOMBRAS DEL ESPÍRITU

Ciencia es el arte de crear ilusiones convenientes, que el necio acepta o disputa, pero de cuyo ingenio goza el estudioso, sin cegarse ante el hecho de que tales ilusiones son otros tantos velos para ocultar las profundas tinieblas de lo insondable.

Carl Gustav Jung

Aunque tengamos la evidencia de que hemos de vivir constantemente en la oscuridad y en las tinieblas, sin objeto y sin fin, hay que tener esperanza.

Pío Baroja[146]

Ahora es el momento de formular una pregunta clave: ¿Qué ocurre cuando una persona, consciente o inconscientemente, se da cuenta de que su vida carece de sentido, que carece de valores?

La mayoría de las escuelas filosóficas así como psicológicas tienen respuestas centradas en la dimensión desde la que investigaron. Cada cual responde, en la mayoría de los casos, desde su perspectiva teórica basándose en los postulados que otros dictaron en su día. Mi experiencia terapéutica de más de veinte años me ha demostrado que la mayoría de las enfermedades psicosomáticas y depresiones tienen su origen en la falta de *sentido de la vida.* Yo he seguido en cierto modo las directrices de Viktor Emil Frankl, y a estos síntomas los llamo *sombras sobre el espíritu*, porque creo que la raíz de la mayor parte de esas depresiones está en la pérdida del *sentido de la vida* y/o *desconexión con el espíritu.*

Entonces, ¿qué entendemos por depresión, o cuál sería la definición que propongo para este término? La depresión, aun siendo enemigo de asignar etiquetas a las anomalías orgánicas[147], vendría a ser el estado interno que se genera en la persona cuando sus expectativas se ven frustradas de un modo u otro.

> La carencia de un sentido vital desempeña un papel crucial en el desarrollo de la neurosis. En última instancia, hay que entender la neurosis como un sufrimiento del alma que no ha descubierto su significado. Aproximadamente una tercera parte de mis casos no padecen de ninguna neurosis clínicamente definible, sino de la falta de sentido y de propósito en sus vidas.[148]

Ciertamente, la depresión (y las consecuencias que conlleva: consumo de drogas, alcoholismo, suicidios, agresiones, absentismo laboral, etc.) es una de las lacras más comunes de la sociedad actual, y por ello, voy a tratarlo con mayor extensión, aportando las soluciones que yo he utilizado con éxito para erradicarla.

Partamos desde una visión sistémica y holística del ser, un *triadismo*: cuerpo, psique, *pseuma (espíritu).* Estas tres partes del ser humano tienen que ser consideradas y trabajadas conjuntamente, si se quiere que exista un progreso armónico y equilibrado. Pero teniendo en cuenta que esta acción conjunta debe estar supervisada desde la perspectiva superior del *espíritu.*

Veamos la siguiente metáfora que ya he usado en muchas ocasiones, y que clarificará mis explicaciones. Si nos encontráramos atrapados en un embotellamiento de tráfico, como conductores podríamos hacer poco para desbloquear el caos circulatorio. Sin embargo, un agente de policía desplazado al lugar tendría una cierta capacidad para conseguir que los vehículos pudieran avanzar poco a poco. Pero si desde el aire, un helicóptero de la DGT observa la situación, tiene una perspectiva global, lo que le permitiría dar instrucciones a los agentes desplazados para que desvíen los coches y camiones hacia carreteras alternativas libres de tráfico. Los conductores de los vehículos atrapados son los pacientes. Los policías son los psicólogos o terapeutas que trabajan, principalmente, desde las dimensiones física y mental del ser y solo ven una vía de evacuación para el bloqueo. Mientras que el piloto del helicóptero es el consejero (director o guía espiritual, *coach* de vida, sacerdote, pastor, etcétera) que interviene desde el vértice de la pirámide ofreciendo toda la gama de alternativas posibles para el individuo en cuestión. Claro está que no se es piloto de la noche a la mañana, no se pasa de ser ciudadano de a pie o policía a comandar una aeronave. Cualquiera no puede pilotar un helicóptero sin el adecuado entrenamiento, ya que si lo hiciera, sería peor el remedio que la enfermedad. Para el adiestramiento como aviador no sirve el mérito de una licenciatura en cualquier facultad, pues este aprendizaje es vivencial y no teórico, y a él puede acceder cualquier persona que esté dispuesta a vivir en sí mismo la instrucción y el proceso de cambio necesario.

Esta vía, la vía aérea, la transformación *espiritual*, trabaja desde arriba dando instrucciones a los agentes —la psique— para que ordene adecuadamente el tráfico —el organismo. Pero también se encarga de adiestrar a los agentes de tráfico para convertirlos en pilotos y que ellos mismos sean capaces de llevar a cabo su tarea. No se trata, como se desprende, de resolver conflictos puntualmente, sino de aprender, disponer de las herramientas y conocimientos (una vez formados) para que sea el sujeto el que tome las riendas de su propia vida.

Para que todo el sistema *triádico* funcione con armonía y fluidez hacia la realización total del ser, en ocasiones nos veremos obligados a resolver problemas básicos de la dimensión biológica; en otras los conflictos estarán ubicados en el plano psíquico; otras, exclusivamente, en el espiritual. Pero en cualquier caso jamás perderemos de vista la unidad del ser, y su necesidad de unificación y armonización. Es como si observáramos que lo que provoca los atascos en el tráfico es la ignorancia de los conductores sobre las normas o las señales y que estos cometen infracciones que desembocan en el caos circulatorio. Lo que haríamos para evitar tal caos en el futuro sería someter a los automovilistas a un curso de reciclaje. O si a los agentes, que están dirigiendo el tráfico, les falta habilidad para ello, les enviaríamos a un seminario de perfeccionamiento o especialización en situaciones de tráfico conflictivo. Y todo ello en beneficio del conjunto de la ciudad.

El propósito de la presente propuesta es preparar al sujeto para ser él mismo, para que adquiera una nueva visión, para que se libere de los *programas condicionadores* que tanto sufrimiento inútil le generan y que tantas enfermedades provocan. Cuando una persona sumida en el estado depresivo consigue eliminar la frustración causante del mismo, su estado interno cambia y comienza a ver la vida de un modo nuevo y prometedor. Mientras el sujeto cree que, por no haber alcanzado lo que pretendía o porque la realidad no se ajuste a sus deseos, el mundo se acaba y él no tiene remedio para ello. Entonces es cuando se ahoga en la desesperación que desemboca en la depresión. Si la persona comprende que no hay errores sino experiencias, que los deseos dependen de las circunstancias y que las cosas o las personas van y vienen; entonces se vuelca en su día a día y sigue esforzándose por alcanzar sus objetivos viviendo intensamente de un modo satisfactorio en cada instante.

Dentro del abanico de reveses y desengaños a los que el hombre se enfrenta a diario podemos distinguir dos tipos de depresiones. La primera corresponde a la tipología academicista, mientras que la segunda es de naturaleza existencial. Quiero advertir que, aunque presente estas diferentes tipologías depresivas (que para mí todas ellas son una), las dos tienen su raíz en una deficiente capacidad para afrontar la realidad circundante.[149]

A. Depresión reactiva frente a las adversidades (o exógena)
Responde a la mala codificación de algún acontecimiento adverso de la vida, tal como la muerte de un ser querido, las desavenencias conyugales, los problemas económicos o el desempleo. No tienen un origen orgánico, sino una razón que se fundamenta en la defectuosa comprensión de los hechos. En este caso el individuo, por escaso desarrollo personal, incapacidad de respuesta o carencia de alternativas, rigidez e inflexibilidad mental, queda bloqueado creyéndose y argumentándose que su situación no tiene solución. Es un proceso mental en el que la persona transforma una circunstancia puntual y temporal en un hecho inamovible y permanente. Aquí podemos ver perfectamente como la carencia de una meta definida o la pérdida del objetivo que tenía es la causante del conflicto, En el momento en que el individuo instala una nueva meta, el estado anómalo desaparece.

B. Depresión espiritual
Aquí es donde se muestra a las claras la falta de sentido en la vida y las *sombras sobre el espíritu*. No es un cuadro fácil de identificar[150]. Por otra parte, difícilmente una persona por sí misma puede salir de ese estado, necesita un guía que le muestre el camino. Pero mucha atención, aquí no sirve cualquiera. El mentor no puede ser el primero que se encuentre uno, debe haber recorrido el camino, conocer a fondo la ruta y, haber vuelto para revelar a otros el trayecto idóneo.

Cada día nos encontramos con un mayor número de casos que presentan este síntoma, especialmente en gente madura. Entonces se suele hablar de «crisis de los 40», pero evidentemente, se puede manifestar a cualquier edad adulta. En alguna ocasión hemos escuchado decir: «Cuando falleció mi abuela, el abuelo no lo pudo sobrellevar y al poco tiempo murió de tristeza». O también: «En cuanto se jubiló se vino abajo». Sin duda, ambas situaciones las podemos catalogar como «depresión espiritual». En ninguno de los dos casos supieron encontrar un nuevo sentido a su vida. Aquí, un tratamiento farmacológico de nada serviría puesto que encontrarle sentido a la vida no es un tema de carácter fisiológico ni psicológico, sino espiritual.

Es frecuente escuchar a gente de todas las edades, decir que no tienen futuro. Y ante la pregunta acerca de su devenir nos encontramos que carecen de respuesta, no saben qué derroteros les esperan, faltos de planes y si los tienen son más pesimistas que optimistas. Esta sensación de exigüidad de futuro trae consigo, inmediatamente, una falta de respuesta en el presente, y consecuentemente un estado de incapacidad, desmotivación, tristeza, desánimo, etcétera, que nos advierten de la presencia de este cuadro depresivo. Es fácil que la estupidez lleve a muchas de estas personas a tratar de resolver su desánimo con cualquier tipo de droga, legal o ilegal, o dejándose arrastrar por vicios y pasiones.

Esto deviene en el momento que se olvida que la vida tiene un sentido más allá de toda problemática mental y material. Para el ser humano —especialmente para aquellos en fase terminal—, la vida tiene sentido en el momento en que considera que es un *ser espiritual t*rascendente que no depende solo de lo físico y de lo mental, que se deterioran día a día. Pero, aunque sepamos que la espiritualidad no enferma, las lesiones o anomalías psicofísicas (estados depresivos) pueden impedir la manifestación de este aspecto superior.

Obviamente los síntomas no serán los mismos en diferentes estadios de la vida. Sin embargo, como los más comunes podríamos citar los siguientes:

- Sensación de vacío.
- Creerse inútil e incapaz.
- Falta de motivación.
- Duda generalizada.
- Bloqueo mental.

- Desinterés e indiferencia frente a todo.
- Desidia relacional.

En la juventud se caracteriza además por:

- Rebeldía y agresividad.
- Radicalidad y destrucción.
- Temeridad y exceso de riesgo.
- Falta de esperanza y de futuro.
- Actitudes infantiles y provocadoras.
- Búsqueda de salidas en los lugares y gentes equivocados.
- Fanatización y sumisión enfermiza a sus líderes.
- Se envanecen de los actos vandálicos y rebeldes.
- Sentimiento arraigado de desdicha, desvalimiento y debilidad.

En la edad madura, alrededor de la "crisis de los 40" se muestra con:

- Estados internos de frustración y agotamiento.
- Sentimiento de haber sido explotado.
- Sentimiento de que ya no le queda tiempo para nada.
- De haber perdido muchas oportunidades.
- Búsqueda de estímulos a corto plazo.
- Retorno a viejos ideales, sueños y proyectos rotos.

Como características propias de la etapa de la vejez:

- Amargura y resentimiento.
- Murmurador y protestón, o incomunicativo.
- Maldad, arterismo y zafiedad.
- Rechazo de la ayuda.
- Negación del razonamiento.
- Nihilismo y ensimismamiento.
- Culpabilizador y negativo.
- Reniega de su vida pasada y del presente.
- Para él ya no existe el futuro.

Como causas desencadenantes de la "depresión espiritual" tenemos:

1. La ausencia de personas con las que conversar

Un gran número de personas adultas, cuando sienten el vacío que causa la carencia de sentido de sus vidas, busca llenarlo de cháchara con aquellas personas (familiares u otros) dispuestos a escuchar. De ese modo, manteniendo ocupada su mente con la cháchara, evita que en algún momento la reflexión le conduzca a plantearse su propia vacuidad. Estos sujetos suelen acudir al terapeuta con síntomas depresivos que afloran como consecuencia de la pérdida del confidente o ruptura de la comunicación.

El diálogo se puede romper o interrumpir por varias razones: un fallecimiento, alguien que se va de casa, una amistad que se corta, etcétera. El problema surge cuando el interlocutor que tenía el sujeto y con el que se comunicaba, desaparece. La nueva situación conlleva la búsqueda de alguien (amigos, familiares, compañeros, etcétera) con quien platicar. Si lo encuentra todo queda resuelto, pero si no, comienza un proceso de aislamiento que desemboca en crisis. Muchos sujetos de edad madura vuelcan su existencia en la conversación que mantienen con otro u otros. Creen que sin tales interlocutores su vida se desmoronaría, y de hecho ocurre así. En ciertos casos patológicos encontramos individuos sentados ante el televisor discutiendo solos como si lo hicieran con los participantes de una mesa de debate.

Es importante distinguir en estos casos si lo que se presenta en una simple depresión reactiva frente a las adversidades, o realmente se trata de una «depresión espiritual». La primera se caracteriza por la pérdida de algo considerado como un valor por la persona («sin eso o él/ella no sé vivir»). Esto supone un cambio brusco en sus rutinas, pero puede (tras un tratamiento terapéutico) descubrir nuevas fórmulas. La segunda se muestra como un sentimiento de vacío, no de pérdida; y ese vacío se extiende a cualquier orden de su vida impregnándolo todo: La única salida posible para dar un nuevo sentido a la existencia sería incorporar un «para qué» que trascienda la propia existencia.

Para poder abandonar ese estado, en algunos casos el sujeto acude a profesionales de pago, y aquí aparece la figura del terapeuta o del «orientador de vida». A partir de ahí se iniciaría un nuevo diálogo, algo como un encuentro existencial, y comenzaría el proceso de cura, aunque aquí lo que sanaría sería el vínculo que entre ambos se estableciera. Hay que tener en cuenta que el restablecimiento del equilibrio solamente se producirá si el «orientador de vida» está lo suficientemente preparado para llevar al sujeto hacia una búsqueda espiritual, estableciendo un plan de trabajo para su desarrollo interno. Y sobre todo, hay que tener en cuenta que un terapeuta, u orientador, podrá llevar a su paciente tan lejos como él haya llegado consigo mismo.

2. Dolor y sufrimientos extremos

Cuando el dolor es muy fuerte y el sufrimiento muy importante, el ser humano pierde el sentido, y se pregunta ¿por qué me pasa esto a mí? ¿Por qué sufro tanto? ¿Por qué tanto dolor? Esto suele suceder ante la presencia de enfermedades graves, accidentes casi mortales que dejan secuelas serias, catástrofes, etcétera. El sufrimiento y el dolor son dos de las raíces que llevan a la persona a dudar del sentido y, ocurre por el temor que les inspira el fin de su existencia, ve la muerte cara a cara. La única cura para este mal es elevar de nivel sus valores a partir de la reflexión, comprendiendo y aceptando que la existencia terrenal no es sino una escala más en el largo viaje del ser.

3. Nihilismo

Está muy vinculado con la actitud del ateísmo existencialista, de no creer en nada, con una postura escéptica frente a la vida. Cuando nada tiene valor, todo es lo mismo, nada sirve. Es una visión de la vida poco comprometida, muy superficial, *light*, en la que no se integran los valores superiores. Este parece ser el ideario laicista que propugnan ciertos políticos y gobernantes, y que conduce únicamente a la búsqueda desenfrenada del placer inmediato. Esta actitud en su grado extremo puede incluso llevar al suicidio. Es por esa actitud de laicismo nihilista por la que ciertos gobernantes pretenden legalizar la eutanasia como remedio a esta falta de sentido trascendente.

4. Naufragio existencial

Cuando la persona ha puesto toda su existencia en la consecución de alguna meta persiguiéndola de forma rígida pero al final no la consigue, puede asomar el naufragio existencial. Es el caso de grandes quiebras empresariales o fracasos estrepitosos en proyectos faraónicos que acaban en ruinas. El sujeto tiene la sensación de haber zozobrado y encontrarse a merced del temporal, sin nada ni nadie que le pueda rescatar. Las aspiraciones que enriquecen a la persona y la salvan del siniestro son ideales flexibles que se adaptan a lo que la vida nos presenta y a las variadas circunstancias del destino.

5. Remordimiento y culpa

Otra de las causas de este tipo de depresión son estos conflictos de conciencia. La persona sabe que tiene que hacer algo y no lo hace, o no lo puede hacer; o bien, ha realizado algo en contra de sus propios principios, o ha causado daño a otros, consciente o inconscientemente. En tales circunstancias el sujeto comienza a experimentar un sentimiento de inferioridad, de culpa, de remordimiento que le puede llevar hasta patologías severas. Pero para que haya culpa debe haber conciencia, sin ella el sujeto se cree dueño del mundo y no reaccionará. La culpa existencial es un motor que nos hace cambiar las conductas. Si sentimos culpa de nuestros malos actos procuraremos modificarlos y eso mismo nos puede poner en el umbral del cambio real.

12

ILUMINANDO LAS SOMBRAS

La virtud no teme a la luz, antes desea venir siempre a ella; por es hija de ella, y criada para resplandecer y ser vista.

Fray Luis de León [151]

Por muy larga que sea la tormenta, el sol siempre vuelve a brillar entre las nubes.

Khalil Gibran[152]

Lamentablemente, es muy frecuente que los árboles impidan ver el bosque, y que quien sufre la «enfermedad del alma» solo vea los síntomas aisladamente y no en su conjunto, confundiendo tales manifestaciones con crisis depresivas exógenas. Recuerdo una historia que ilustra de modo magistral el error que frecuentemente cometen, tanto los sujetos como sus consejeros, a la hora de afrontar cualquiera de las crisis espirituales.

> Una oscura noche se encontraba Nasrudín buscando algo en el suelo a la luz de una farola, cuando se le acercó un amigo:
> —¿Qué haces ahí a estas horas? —Le preguntó el conocido.
> —Estoy buscando las llaves que se me han perdido —respondió Nasrudín.
> Así que el amigo se puso a buscar también las llaves rastreando palmo a palmo todo el suelo alrededor de la farola. Al cabo de un buen rato sin encontrar nada, el amigo volvió a dirigirse a Nasrudín.
> —¿Estás seguro de que es aquí donde has perdido las llaves?
> —No, no las he perdido aquí.
> —Entonces... ¿qué hacemos aquí buscando?
> —Pues..., es que aquí hay luz, y donde las perdí está todo oscuro.[153]

Hemos visto a lo largo del libro que sería una simplificación ridícula considerar al ser humano únicamente desde los aspectos psíquicos y físicos. Es por ello por lo que el método de abordaje que propongo está específicamente diseñado para superar la «depresión espiritual» u otros estados próximos asimilables.

Conviene recordar que superar una «depresión espiritual» (e incluso me atrevería a decir que también la exógena) pasa por un crecimiento del ser humano, por la ampliación de la conciencia, por la incorporación de valores transpersonales; en definitiva, por un desarrollo espiritual.

A continuación me referiré a los dos pasos fundamentales en este trabajo de crecimiento y superación de crisis.

1. Ampliar los límites de su mapa

No se trata simplemente de aumentar los conocimientos y la información, sino de solicitar la *presencia* del *ser esencial*, la parte de nosotros inmutable y eterna; así como de aceptar la existencia y posible manifestación del espíritu humano en lo cotidiano. Si la persona se limita a incorporar creencias que se mantienen dentro del paradigma cultural al que pertenece, no habrá posibilidad de cambio real y por tanto curación. Es imprescindible un ascenso de nivel, ya que como decía Einstein: «La solución de un problema se encuentra siempre en el nivel superior en el que se presenta».

Cuando alguien cree no tener futuro, lo que le falta no es el futuro, le sobra el conjunto de creencias limitantes que impiden su proyección hacia adelante y que él mismo ha instalado. Esas creencias limitantes, que siempre son subjetivas, se fundamentan de tres diferentes modos:

A. **La falta de esperanza.** El sujeto se dice que el objetivo deseado es inalcanzable, independientemente de las propias capaci- dades. Es decir, bloquea su capacidad y sus recursos para hacer frente a las dificultades que supone luchar por una meta. De hecho, dispone de todo lo necesario para conseguir su pro- pósito, pero —por pereza, negligencia, apatía, desmotiva- ción, etcétera— prefiere evitar cualquier esfuerzo. Sin duda, aquí lo que sucede es que el objetivo no está bien formulado y consecuentemente, carece de interés para él. Sin duda, en muchos casos de estos existe un alto grado de dependencia y desmotivación, para lo que emplearíamos las técnicas de PNL diseñadas al respecto[154].

B. **La falta de ayuda.** El sujeto cree que el objetivo es posible, pero que no dispone de los recursos necesarios para alcanzarlo. Sin duda, aquí falla uno de los pasos en la formulación de la meta: «que esté dentro de las capacidades y recursos del sujeto». Cuando esto sucede es imprescindible replantearse el objetivo, estableciendo etapas intermedias que permitan a la persona adquirir los recursos que le faltan. Aquí aplicaríamos cualquiera de las técnicas de PNL existentes para desarrollo de capacidades, generar motivación, fijar objetivos bien definidos[155].

C. **Culpa y castigo.** El individuo se dice y cree que no merece conseguir el objetivo a raíz de algo que hizo o dejó de hacer. En estos casos, lo primero que hay que lograr es eliminar el estado culpa con la técnica adecuada[156], y restablecer así el equilibrio emocional.

En su conjunto, la forma de saltar estas barreras es eliminando las creencias limitadoras[157] abriendo las puertas a nuevas comprensiones. La misión del consejero es ensanchar el campo de visión de su cliente. Yo llamo a esto *prender la lla-*

ma, ya que la luz que brotará hará desaparecer *las sombras que se baten sobre el espíritu.* El fuego ayudará al sujeto a descubrir las posibilidades y alternativas que antes no percibió. Más adelante, cuando se estabiliza su confianza, la llama se transformará en la luz de su propio espíritu, en la voz de su *esencia* que será guía y protección.

Aquí, la tarea del consejero es la de ser la *voz* que sugiera, nunca imponiendo lo que se debe o no debe hacer, sino presentando las imágenes que le traigan a su mente la idea de que en otro momento su *esencia* estaba manifiesta. Llamaremos al *ser espiritual* que late en todo ser humano y que está más allá y, por encima de la depresión, lo convocaremos y luego esperaremos a que haga su trabajo.

Recuerda que el *sentido de la vida* no es una fórmula matemática que pueda copiarse o recetarse, el *sentido de la vida* debe descubrirlo uno mismo, es necesario que sea la propia persona quien lo desvele. Un buen consejero acompaña a su cliente en la búsqueda del sentido, jamás le impone uno.

Resumiendo, podríamos concluir con la siguiente propuesta para combatir la depresión: cambia de actitud, elimina las creencias que te limitan emprenden una tarea vital concreta, o una renuncia específica —sin resignación— de aquello que deseas y no puedes conseguir. La renuncia implica un cambio de objetivo, la resignación te mantiene en él sabiendo que no lo podrás alcanzar. Por parte del *coach,* director espiritual, guía o terapeuta su cometido sería, por un lado impedir la resignación de su paciente, ayudarles a que cambie su actitud y, por otro, tratar de que descubra quehaceres superiores que den sentido a su vida.

2. Cambio de actitud

Para que se produzcan transformaciones significativas en nuestras vidas, no es cuestión de hacer cosas diferentes, sino aquello que hacemos habitualmente, hacerlo de forma diferente. O lo que es igual, no es un problema de cantidad sino de calidad.

Por mucho que corras, o por muy deprisa que vayas,
nunca podrás escapar de tus propios pies.
Proverbio árabe

El derrotismo y la resignación son las actitudes más cómodas para aquellos que no quieren hacer el esfuerzo para cambiar. Siempre hay lugar para la esperanza. Cuando creemos que no se puede hacer nada más, aún se puede hacer algo: un cambio de actitud hacia lo que consideramos una barrera o un destino adverso.

La esperanza no es solamente una virtud, sino una actitud mental generadora de energía. La energía generada por la esperanza se convierte a su vez en nuevas actitudes y virtudes como disciplina, motivación, esfuerzo, búsqueda de alternativas, etcétera, que ayudarán al hombre a salir airoso de sus conflictos. No hay nada más desastroso para una persona sumida en la depresión que la pérdida de esperanza, ya que sin esperanza también desaparece la razón de vivir.

En la mayoría de las ocasiones, el principal problema a la hora de resolver cualquier conflicto es la falta de definición, la inespecificidad, la imprecisión o incluso, la incapacidad para objetivar el problema, acotarlo y analizarlo adecuadamente. Cuando una persona es capaz de definir clara, concreta y específicamente su contrariedad, el ochenta por ciento del mismo ya se ha resuelto, y para el veinte restante se encuentran soluciones sin dificultad a partir de la enunciación clara del objetivo.

A continuación, propongo una batería de preguntas que aunque puede que las conozcas por algún otro libro mío, no viene mal tenerlas a mano para trabajar ahora. Ya sabes que puedes usarlas para ayudarte a ser claro y aprender a resolver por ti mismo cualquier problema que se te presente. Responde con total sinceridad y objetividad a las preguntas que siguen. Mantén el orden y no te saltes ninguna, están encadenadas y estructuradas para ayudarte a profundizar.

Paso 1º: Identificar el estado presente

- ¿Dónde se ubica específicamente la situación, el problema o el conflicto?
- ¿En qué lugar/es soy más consciente del problema?
- ¿Fuera de ese, o esos lugares, deja de estar presente el conflicto?
- ¿En qué momentos lo percibo y me doy más cuenta de él?
- ¿Cuándo soy más consciente de la situación conflictiva?
- ¿En otros momentos pasa desapercibido el problema?
- ¿Qué persona o personas está/están o no implicadas? ¿Cuántas y quiénes específicamente?
- ¿Sin esas personas desaparece el conflicto?
- ¿Qué ocurre con el problema cuando hay otra gente? ¿Se mantiene, se incrementa, desaparece?
- ¿De qué trata el problema? Se lo más específico que puedas al describirlo.
- ¿Qué es lo que estaba pasando en la situación?
- ¿Qué veía, oía y sentía en la situación?
- ¿Qué papel estabas desempeñando?
- ¿Qué papel me hubiera correspondido realizar?
- ¿Qué es lo que creía al respecto?
- ¿Qué es lo que necesitaba o no tenía o no se me daba?

Paso 2º: Identificar el estado deseado

- ¿Qué es lo mejor que podría estar pasando para lograr lo que desea en esa situación?
- Siendo lo más específico posible en la descripción: ¿Según yo qué debería ocurrir para que todo estuviera correcto?
- ¿Qué es lo mejor que podría estar viendo, oyendo y sintiendo para lograr lo que deseo en esa situación?
- Siendo lo más específico posible en la descripción: ¿Qué vería, oiría, sentiría, me diría para saber que todo está saliendo del modo que yo deseo?
- ¿Cuál es el mejor papel que podría estar realizando para lograr lo que deseo en esa situación?

- ¿Qué estaría haciendo, cómo me estaría comportando para lograr lo que deseo en esa situación?
- ¿Qué es lo mejor que podría haber creído que era cierto para obtener lo que deseo en esa situación?

Paso 3º: Cómo conseguir los recursos

- ¿Qué haré o podré hacer, específicamente, para lograr lo que deseo en esa situación? Haz una descripción lo más detallada posible.
- ¿Hay algo más?
- ¿Qué verás y oirás, específicamente, para saber que logras lo que deseas en esa situación?
- ¿Qué te dirás o podrás decirte, u oirás a otro decir para obtener lo que deseas en esa situación?
- ¿Qué cuestiones te plantearás o podrás plantearte a ti mismo o a los demás para lograr lo que deseas en esa situación?
- ¿A quiénes les plantearás un cambio de actitud?
- ¿Cómo lo harás? ¿Cuándo, en qué momento?
- ¿Qué dejarás o podrás dejar de hacer específicamente, para lograr lo que deseas en esa situación?
- ¿Qué dejarás o podrás dejar de decirte, específicamente, y de decir a otros para lograr lo que deseas en esa situación?
- ¿A quién o quiénes?
- ¿Qué preguntas dejarás o podrías dejar de hacerte a ti mismo y a los demás para lograr que la situación sea como tú quieres?
- ¿Qué más tiene que ocurrir para que consigas lo que deseas en esa situación?
- ¿Cómo lo podrías hacer o conseguir?
- ¿Cómo podrías hacer, además, para que todo esto te resultara motivador y divertido, mientras logras que la situación sea como tú quieres?
- ¿Hay alguna cosa más que creas que necesitas para afrontar con éxito la situación?
- ¿En cuánto tiempo crees que la situación va a cambiar?
- ¿Cuál es la fecha límite para conseguir la situación óptima?
- ¿Qué ganarás y qué perderás con la nueva situación?

Paso 4º: Plan de acción

- ¿Cuáles serán los pasos específicos para alcanzar lo que deseo? Describe uno a uno y por orden cronológico los pasos que darás para conseguir que las cosas estén como tú quieres.
- ¿Crees que todo se puede llevar a efectos de seguido, o sería conveniente trocear el proceso en planes más pequeños que faciliten el cambio?
- ¿Cuál será el planteamiento que harás a cada una de las personas que intervienen en el proceso?
- ¿Cuándo lo harás? Fecha.
- ¿Qué controles introducirás para medir el progreso?
- ¿Qué premio te darás cuando todo haya concluido con éxito?

13

NIVEL ESPIRITUAL

Dios es la plenitud del cielo; el amor es la plenitud del hombre.

Víctor Hugo

La vida cobra sentido cuando se hace de ella una aspiración a no renunciar a nada.

José Ortega y Gasset[158]

El hombre se autorrealiza en la misma medida en que se compromete al cumplimiento del sentido de su vida.

Viktor Frankl

El tao que puede ser definido no es el Tao.

Lao-Tse

En este último apartado me limitaré, sin perder de vista el enunciado de Lao-Tsé, a esbozar lo que considero como el nivel transpersonal, espiritual o trascendente, como le queramos llamar, y al que sin duda, evolutivamente, debemos dirigirnos. Se trata de aquello que está más allá de la identidad del individuo y, que de algún modo nos da, o tendría que darnos, la fuerza para vivir. Ese *algo* hacia lo que tendemos nos empuja y nos libera de los miedos y temores que engendra la vida.

No diré nada nuevo, todo está ya dicho por los grandes místicos, filósofos y maestros recientes y de la antigüedad. La espiritualidad es una experiencia personal y no servirían las disertaciones al respecto. El modo de vivir la espiritualidad, como decía Gregory Bateson[159], no es otra cosa que dejarse guiar por las *Fuerzas Sistémicas* sin poner resistencias a su influjo. Incluso Einstein proponía la máxima conexión para alcanzar el conocimiento y la comprensión de la matriz mental del orden y la armonía que hay en el universo, y así añadía: «Dios se revela a sí mismo en la armonía de todo lo que existe». Y también: «Lo que importa es el conocimiento de Dios. Todo lo demás son simples detalles».

Los seres humanos somos realidades pensantes, que tienen una mente y, esta no es más que parte de esa otra Mente Mayor. La conexión que nuestra (pequeña) mente establece con esa otra Mente Mayor, bien podría ser el *espíritu,* que lo consideramos como cierto tipo de energía sutil de altísima calidad y con características especiales entre las que destacaría la inteligencia. Así pues, el *espíritu* sería energía inteligente. Gregory Bateson lo define del siguiente modo: «El *espíritu* es patrón que conecta todas las cosas juntas como un tipo de Mente Mayor de la que los individuos somos un subsistema».

Cuando el individuo inicia su integración de forma total y plena en el nivel espiritual, es decir, trae al mundo a su propio *espíritu* —cosa que puede llevar toda la vida—, comienza a tener acceso a ciertas cualidades que son propias de esa parte del sistema. Metafóricamente sería como el árbol que absorbe nutrientes de suficiente calidad, tanto aérea como subterráneamente, y produce flores y frutos exquisitos. Las flores y frutos son las manifestaciones del *espíritu* que descienden hasta la identidad del sujeto, el árbol. Esas cualidades del subsistema que son conocidas como «manifestaciones del espíritu» se muestran en la manera de: sabiduría, misión, sanación, don de lenguas, profecía, discreción de espíritu. Esas «manifestaciones del espíritu» son puntuales aunque recurrentes. Y son los resultados de traer al *espíritu* a la acción en lo cotidiano de nuestras vidas. Es decir, hacer del compromiso de pertenencia a un sistema más amplio una forma de vida real y transpersonal. Por otra parte, cuando la persona permanece en armonía con el Universo, es decir, se estabiliza en el nivel espiritual aceptando y alineándose con la Voluntad Divina, con los designios de Dios, entonces se producen los «frutos del espíritu», las virtudes superiores como Amor, Gracia, Compasión, Paz, Misericordia, etcétera.

Cuando una persona vive una espiritualidad comprometida, los cambios, y más que los cambios, la transformación se manifiesta en la dinámica de vida personal, produciendo respuestas no mensurables en la dirección de una mejor adaptación a la situación de conjunto. Dicho de otro modo, al desarrollar el nivel espiritual la persona se torna más flexible y armónico con el medio —incluyendo en éste personas, animales y cosas—. En la medida que la dimensión espiritual se afianza, la conciencia del sujeto se expande abriéndose a más y más posibilidades de integración y profundización. Podríamos compararlo con un «agujero negro» que, al entrar en su campo de energía, nos absorbe transportándonos a universos superiores y desconocidos.

Sería bueno recordar en este momento que, al hablar de Todo, Absoluto, Dios, Fuerzas Sistémicas, Uno, Gran Esfera, Unidad, estoy refiriéndome a experiencia y no de razonamientos. El Ser o Entidad Suprema solo es conocible por la experiencia directa y jamás, por especulaciones o elucubraciones. Comprender la envergadura del nivel al que estamos remitiéndonos supone una profunda transformación de la conciencia.

Cuando se alcanza la experiencia en el plano de la trascendencia, esta se manifiesta en dos vertientes, aunque ambas estén ligadas. Es conveniente diferenciarlas para evitar confusiones, puesto que una conlleva a la otra, pero no a la inversa. Una de las dos expresiones sería la humana, volcada hacia el servicio a los demás (familia, grupo, asociación, ONG, Orden religiosa, ayuda al Tercer Mundo, etcétera). Y, la otra cara sería la trascendente propiamente dicha o el compromiso en la búsqueda de la Realidad Final. La segunda lleva necesariamente implícita a la primera, pero la primera no siempre va acompañada de esta indagación.

El segundo aspecto, la exploración dedicada a la Realidad Final, no se puede llevar a cabo aleatoriamente o improvisadamente, sino que requiere *actitud* y *método*. La *actitud* exige que todas las conductas que se realicen tiendan hacia la excelencia humana o perfección y en pos de los valores trascendentales. Éste es el estado necesario en la experiencia espiritual orientado hacia la consciencia de cambio e impermanencia. Se trata en conjunto de un sentimiento, un especial ánimo enfocado a mantenerse el mayor tiempo posible y sin vacilación en el nivel espiritual. Con respecto al *método*, existen muchos y variados. Los tradicionales que en todas las culturas se han venido usando para alinearnos con el *espíritu* incluyen actos como la oración, la meditación, el estudio de parábolas o relatos iniciáticos, rituales, salmodias y repeticiones de palabras sagradas (*zikers*, letanías, recitación de bendiciones, *mantras*, etcétera).

A las personas que se asientan en el nivel espiritual, aquellas que han alcanzado el máximo grado de la excelencia humana las llamamos Maestros u «Hombres de conocimiento». Estos son hombres y mujeres que han seguido el *camino* comprometidamente, sorteando las dificultades del aprendizaje y, que sin apresurarse ni desfallecer han llegado lo más lejos que pueden en desentrañar los secretos de la experiencia espiritual. Estos son los auténticos Maestros, sean cuales sean sus profesiones o su dedicación.

Cuando la persona comienza a estabilizar su conciencia en el plano espiritual, puede entrar de forma voluntaria unas veces e involuntaria otras, en contacto con una dimensión de la Realidad que está por encima, o más allá, de aquellas fases que por lo general consideramos como normales o reales, pero no por ello ausentes del hombre. En un principio tales experiencias pueden ser, y tal vez sean durante largos periodos, fogonazos, vislumbres, reflejos puntuales de ella. Ese contacto podrá vincularte —conscientemente o inconscientemente— a elementos, estados o contenidos psíquicos que habitualmente se encuentran fuera de tu campo de conciencia ordinaria. En un momento dado y después de ciertas prácticas o procesos, lo que era inconsciente y *supraconsciente* se vuelve consciente, permanece ahí durante un período más o menos largo y después vuelve, de nuevo, a ser *supraconsciente*.

No es extraño que en ocasiones las personas puedan confundir las experiencias pertenecientes al área supraconsciente, con simples y vulgares alucinaciones o sensaciones emocionales. Por tanto, hay que estar muy alerta para no ser engañado por una de las trampas peores que nos puede tender el ego: creernos santificados o tocados por la mano de Dios. ¿Cómo sabremos si la experiencia que vivimos pertenece a un estado de conciencia acrecentada o es un autoengaño?

Para aprender a diferenciar si se trata de un estado real o un ardid del ego, ten en consideración los cinco puntos siguientes:

1. Lo primero de todo es mantenerse relajado.
2. Las experiencias reales no se presentan cuando nosotros queremos sino cuando Dios quiere.
3. Estas tienen ciertas características diferenciales que hay que conocer.
4. Están carentes de emocionalidad.
5. La primera vez que se presentan producen un cierto temor.

Son muchas las características diferenciales que advierten de la presencia de tales estados de conciencia; cada escuela de desarrollo, *camino* o religión, posee el suyo propio y su particular distinción. Me he permitido establecer una síntesis de las que en la mayoría se presentan como comunes y podrían ser las siguientes:

a. Llegar a lo más recóndito de nosotros mismos, a la raíz o a la base es un sentimiento de **profundización** en la realidad como ser.
b. **Interiorización**, conciencia de absorción, de llevar toda la existencia desde fuera hacia dentro del ser.
c. **Elevación**, ampliación de conciencia. Experiencia de que la conciencia se enaltece o asciende de nivel.
d. **Expansión** de conciencia. Impresión de participar en una conciencia mayor.

e. **Comprensión,** vislumbre de lo oculto, de lo velado. Algo así como ser capaz de penetrar en lo secreto.
f. **Energetización,** sensación de ser nutrido o alimentado por energías universales.
g. **Despertar,** salir de un sueño y experimentar una realidad Viva.
h. **Iluminación,** luz interior, sensación de transfiguración, de saberlo todo y conocerlo todo, una nueva visión del mundo.
i. **Renovación, Regeneración, Resurrección, Liberación, Transmutación,** etcétera.

Todas estas descripciones no dejan de ser aproximaciones, ya que solo el que prueba sabe, y lo que acabo de hacer no es más que querer clasificar lo inclasificable. Nada que no sea tu propia experiencia servirá para otra cosa que llenar folios y folios de tinta. Solo la experiencia te llevará a conocer aquello de lo que hablamos, y por supuesto, siguiendo un ordenado aprendizaje dentro de una enseñanza viva, y bajo la supervisión de un guía vivo y real que te muestre el Camino y te advierta de los peligros.

> Sólo con el corazón puede verse la realidad;
> lo esencial es invisible al ojo humano.
> Antoine de Saint -Exupery [160]

Todos los pasos que hemos ido dando a lo largo de este libro tienen como objetivo acercar al lector hasta el umbral de la espiritualidad que es el genuino *sentido de la vida.* Si alguien quiere seguir más allá tiene que ponerse manos a la obra practicando y cambiando los aspectos negativos de su personalidad. Reflexionando, *autoobservándose,* meditando y experimentando es como se adquiere el genuino aprendizaje. Lo repito siempre: «Información sin experiencia es como un asno cargado de libros»[161]. Y no olvides que para recorrer el *camino* se necesita un guía que lo haya hecho antes.

Para finalizar este libro sobre la evolución de la conciencia te ofrezco esta meditación guiada con la certeza de que te ayudará a tomar contacto con esa parte de ti que está más allá del tiempo y del espacio.

Expansión de la conciencia

Sentado cómodamente, frente al dibujo geométrico que has usado para otras meditaciones, cierra los ojos, presta atención a tu propia respiración: inhalando y exhalando lentamente con el diafragma. Cuando tus pulmones adquieran un ritmo sereno, toma conciencia del tiempo presente, a todo lo que experimentas en el momento presente. Siente como el presente se transforma en una importante sensación de presencia y sentimiento total.

Ahora, cuando sientas que el tiempo presente, el aquí y el ahora, cobra una dimensión nueva, abre los ojos y mira «viendo» el dibujo que tienes enfrente. Siente tu conexión con el diagrama, como si fueseis parte de una misma entidad. Mantente así uno o dos minutos.

Cierra de nuevo los ojos, interiorízate. A continuación, recuerda todo el tiempo que has vivido. Comienza por los minutos anteriores, cuando comenzaste a realizar este ejercicio, las horas anteriores lo que hiciste antes de estar ahí, tomando conciencia de su dimensión. Pasa a continuación a sentir la presencia del ayer con todas tus vivencias, recuerda todas las experiencias de ayer. Luego de toda la semana pasada, del mes, del año, retrocede más y más, tomando contacto con la existencia de ese tiempo, no de un contenido mental, sino de una existencia viva. Llega hasta tu infancia y más allá. El tiempo de tus padres, de tus abuelos y de tus anteriores generaciones. Recorre y revive el tiempo de tus padres, de tus abuelos, de tus anteriores generaciones hasta la primera señal de vida del Planeta. Cuando seas consciente de la inmensidad de ese tiempo pasado, abre los ojos y mira «viendo» en el tiempo infinito ese dibujo que tienes frente a ti. Siente tu conexión con el diagrama, como si fueseis parte de una misma entidad. Mantente así uno o dos minutos.

Cierra una vez más los ojos. Vuelve a interiorizarte, experimenta el tiempo presente y el tiempo infinito. Abre los ojos y mira «viendo» y «sintiendo» la conexión con el diagrama, como si fueseis parte de una misma entidad. Mantente así todo el tiempo que quieras beneficiarte de todas sus grandes virtudes terapéuticas y espirituales.

Ejercicio de conexión

Se trata de aprender a compartir espacio con otro Ser sin la interferencia generada por condicionamientos sociales ni por acciones evasivas.

Es un ejercicio que se realiza en grupo, que se dividirá en parejas. Los dos miembros de cada pareja se sientan uno frente al otro con los ojos a no más de un metro de distancia. El que dirija el grupo deberá entonces leer las siguientes instrucciones:

Relaja el cuerpo como en el ejercicio de drenaje (que aprendisteis a hacer en la página 46), y haz que tu visión se vuelva difusa. Deliberadamente divide tu atención y focaliza la mitad de ella en tu rostro.

Mantén la visión difusa, con tu atención dividida entre tu rostro y el rostro de tu pareja.

Continúa así. Muchos efectos fenomenológicos pueden aparecer a través del rostro, pero continúa hasta que puedas estar frente a frente con naturalidad y sin condicionamientos.

Si existe algún tipo de perturbación, interrumpe el ejercicio para recoger la atención y decirte: «¡Alto! ¿Qué sucedió?» Acepta cualquier explicación que te venga (pero que sea breve). Después de contestar diciendo: ¡Gracias! Comienza de nuevo.

Uno debe esforzarse por mantener el rostro relajado. No importa qué reacción, tensión o respuesta ocurra en la cara de tu compañero/a. Estás tratando de desarrollar la habilidad de estar con alguien sin tomar en consideración las manifestaciones y reacciones automáticas. El tener esto en mente ayudará a depurar la técnica rápidamente.

Algunas personas son capaces de alcanzar el contacto con rapidez. Pero con frecuencia se requerirán entre 5 y 20 horas para poder superar todas las reacciones automáticas del cuerpo y la mente y poder establecer un contacto limpio con la pareja. En algunos casos, es posible que incluso se necesite más tiempo aún.

Ejercicio de conexión individual

Es similar al anterior, pero con algunos cambios importantes. Este ejercicio puede ser muy poderoso que el anterior, por lo que se recomienda no hacerlo sin prescripción de un guía. Las indicaciones iniciales de relajación y acomodación son las mismas que en la anterior práctica.

Para llevar a cabo este ejercicio individual hay diferentes métodos:

1. Sentado frente un espejo y usando el propio reflejo como si fuera tu pareja.
2. Haga el ejercicio de contacto (aprendido en la página 47). En este caso, usa tan solo uno de los objetos.
3. Puedes usar la fotografía de otra persona.
4. Emplear una pintura (retrato o figura) como si fuera otra persona.
5. Si dispones de una máscara (disfraz, africana, india, etc.) aprovéchala.
6. Si eres habilidoso, hazte una mascarilla de tu propio rostro.

El dominio de este ejercicio lleva, como el anterior, entre 5 y 20 horas, para hacerlo acumuladamente, y para sobrepasar las reacciones automáticas del cuerpo y la mente. Una vez esto lo hayas logrado, podrás estar en contacto con cualquier otra persona sin que surjan en ti las reacciones primitivas y mecánicas.

14

EL TRABAJO EN SÍ

Creer que hemos llegado;
ese es el problema:
creer que hemos llegado.
Salvador A. Carrión

Hay tres problemas fundamentales con los que nos enfrentamos los humanos al iniciar un camino de búsqueda espiritual o de evolución consciente, como queramos llamarle. El primero es creer que estamos en disposición de reconocerlo cuando lo encontremos. El segundo, pretender que sabremos andarlo. Y el tercero, creer que ya estamos en él.

Estos tres «pecados» del buscador son una de las muchas artimañas que emplea el «ego» (o Satán —en el contexto religioso—) para no perder el control que tiene sobre la persona. Si caes en cualquiera de esas tres trampas estás perdido, no existe ya posibilidad de evolución.

> A todos los efectos prácticos, nuestra evolución biológica ha llegado a su fin. Ya no habrá más evolución biológica sin evolución consciente. Ahora debemos hacernos cargo de nuestra evolución e iniciar un programa masivo de cambios conscientes en la forma de pensar, de relacionarnos

> con los demás, de identificarnos con el resto de la humanidad. El ritmo de cambio es demasiado rápido para tratar de adaptarnos de manera inconsciente. Tenemos que hacernos cargo de nuestra propia evolución y hacer por nosotros lo que la evolución biológica ha hecho por la vida en su totalidad: adaptarnos a un mundo nuevo y sin precedentes[162].

No es fácil emprender un proceso de cambio profundo, como el que supone tomar las riendas de la propia evolución. Y no es fácil porque hay que dar un salto al vacío, un salto hacia la nada, y no es que no haya nada más allá de donde nos encontramos en este momento, sino porque nuestra «visión» es incapaz —con los órganos actuales— de percibir «realidades» que nos trascienden. Hay que «morir» para «renacer». Aunque parece una paradoja es una certeza. La «muerte» o la ruptura con aquello que consideramos que es real, el mundo en el que vivimos, la sociedad en la que nos movemos, es el único camino de liberación o del «despertar a lo real».

Ese despertar —o «muerte» como se llama técnicamente—, es algo que sucede en la naturaleza todos los días. O si no, ¿qué es para el gusano la metamorfosis en mariposa? ¿o la del gusarapo en sapo? Por no hablar del proceso embrionario en los seres vivos. Pues lo que acontece en el plano físico para alcanzar la madurez y que se desarrollen todos los órganos, también tiene que producirse en el nivel psíquico para que otros órganos superiores se activen. Obviamente el proceso no ocurre de repente, sino que se produce paulatinamente, o mejor dicho, por fases.

De igual modo, el hombre, llegado a cierto punto, si quiere evolucionar más allá, tiene que estar dispuesto —al igual que la oruga— ha de tejer su propio ataúd —el capullo—, y permitir que «lo que se tiene que hacer en él se haga». No se trata de que la persona deba introducirse en una cámara de aislamiento sensorial, o —como Carlos Castaneda— saltar de un barranco, consiste en dejarse llevar, de ponerse en manos de su guía o maestro, sin cuestionamientos ni resistencias mentales o/y físicas, pues él es quien sabe. ¿A quién se le ocurriría adentrarse en una selva inhóspita o en un yermo desierto sin un guía conocedor del terreno? Y en esas circunstancias, ¿a quién se le ocurriría cuestionar las indicaciones del experto? Ahora bien, la clave del éxito está en la selección de aquel que nos va a guiar y si el camino es o no el correcto.

¿Cómo sabremos si el camino es el que nos conduce al destino deseado?

El Camino ha sido conocido desde la más remota antigüedad. Religiones, hermandades, logias, órdenes esotéricas, y maestros, han sido —con mayor o menor fidelidad— guardianes y transmisores de este saber. Actualmente, dada la proliferación de cultos, sectas y embaucadores, es muy fácil para el neófito caer en las redes de desaprensivos, tropezando así con el primero de los problemas a los que hacía referencia. Esta trampa se fundamenta precisamente en aquellos aspectos que el Camino auténtico pretende evitar.

El camino **falso:**

- Satisface plenamente las expectativas emocionales del buscador.
- Le permite que su «ego» se desarrolle y engorde,
- Le proporciona alimento psíquico para colmar su ansia de saber, especialmente sobre temas «esotéricos».
- Aporta explicaciones sobre objetivos y fines de todo lo que se hace.
- Proporciona el ambiente «seudo místico» que el buscador espera.
- Facilita reglas y normas rígidas y metódicas a las que atenerse.

Por el contrario, un Camino **auténtico:**

- No se ocupa de si al aspirante le gusta o no el sistema. Es el que es.
- Impide que los egos se manifiesten y menos aun que se desplieguen.
- Da muy poco o nada que pensar y mucho que hacer.
- Explica poco, y lo poco que explica lo hace en lenguaje críptico. El lema es: se aprende haciendo. La experiencia es la mejor vía para el aprendizaje.
- Se realiza el trabajo en cualquier ambiente y en cualquier lugar, hasta en los más insospechados y «anti-místicos».
- Las reglas son escasas y sus métodos pueden variar de un individuo a otros, y de un lugar a otro.

Y, ¿cómo saber si un maestro o guía del Camino es o no experto, honrado y sincero?

El maestro **auténtico**:

- Evita que se genere dependencia emocional hacia él.
- Se relaciona con sus seguidores lo justo y necesario.
- Jamás le sigue la corriente a estúpidos y a acaparadores de atención.
- No busca el reconocimiento social.
- Es un ejemplo de conducta moral y ética, lo que no quiere decir que se atenga a las modas ni reglas sociales.
- Actúa en función de la necesidad del momento, el lugar y la persona, no dejándose influenciar por el qué dirán.
- Enseña en cualquier momento y lugar.
- Se dirige a cada uno en función de la necesidad objetiva, no como el alumno cree que se le debe tratar.

El **falso** maestro:

- Busca y provoca una fuerte dependencia emocional hacia él.
- Compadrea con sus seguidores.
- Busca a toda costa un reconocimiento social.
- Su conducta deja mucho que desear; especialmente en el plano familiar y privado.
- Procura mantenerse siempre dando una imagen socialmente correcta.
- Requiere de un «montaje» para sus contactos públicos.
- El alumno recibe siempre lo que espera.

El trabajo con uno mismo, la involucración en un camino devolutivo de desarrollo, no es un juego de niños. Lo primero que se requiere es haber alcanzado un grado mínimo de autonomía personal, laboral y social. No se puede iniciar el proceso de metamorfosis sin antes no estar en un equilibrio básico. Además, cuando iniciamos la andadura y durante ella, hay que mantener en mente una serie de principios que nos permitan seguir sin extravíos. Gurdjieff se lo advertía a sus discípulos a principios de este siglo, cuando trajo al occidente un método que llamó el «Cuarto Camino», y para que no se les olvidara les denominó *Aforismos* que mando escribir usando una escritura especial en el pabellón del *Study House* en el Prieuré donde impartía sus enseñanzas.

Algunos de esos axiomas que compartimos utilizamos, dicen así:

- El más alto logro del hombre es ser capaz de «hacer».
- Cuanto peores las condiciones de la vida, mejores los frutos del trabajo, siempre que se recuerde el trabajo.
- Estén conscientes de ustedes mismos, en todo momento y en todas partes.
- Recuerden que ustedes han venido acá habiendo comprendido ya la necesidad de luchar contra ustedes mismos: únicamente contra ustedes mismos. Por tanto, agradezcan a quienquiera que les dé la oportunidad.
- Aquí sólo podemos dirigir y crear condiciones, mas no ayudar.
- Sepan que esta casa sólo puede ser útil a los que han reconocido su nulidad y creen en la posibilidad de cambiar.
- Saber que algo está mal hecho y, sin embargo, hacerlo, es cometer un error difícil de reparar.
- Un verdadero signo del hombre bueno es que ama a su padre y a su madre.
- Juzgue a los otros como a sí mismo, y rara vez se equivocará.
- Ayude sólo al que no es ocioso.
- Respete todas las religiones.
- No juzgue a una persona por los cuentos de otras.
- Tome la comprensión del Oriente y el conocimiento del Occidente. Luego busque.
- Sólo quien puede cuidar lo ajeno puede poseer lo propio.
- Sólo tiene sentido el sufrimiento consciente.
- Es mejor ser temporalmente un egoísta que nunca ser justo.
- Recuerde que aquí no se trabaja por trabajar, sino sólo como un medio.
- Sólo puede ser justo quien es capaz de ponerse en el lugar de otros.
- Si por naturaleza no tiene usted una mente crítica, su presencia aquí es inútil.
- Quien se haya liberado de la enfermedad del «mañana», tiene la posibilidad de obtener lo que aquí vino a buscar.

- El descanso no depende de la cantidad, sino de la calidad del sueño.
- Uno de los mejores medios para despertar el deseo de trabajar sobre sí mismo es darse cuenta de que usted puede morir en cualquier momento. Pero primero debe aprender cómo tenerlo presente.
- La fe consciente es libertad. La fe emocional es esclavitud. La fe mecánica es estupidez.
- Al hombre le es dado un número limitado de experiencias; al economizarlas, prolonga su vida.

Si estás conforme con la aceptación de estos aforismos, o, por lo menos, no los rechazas están en condición en emprender el Camino y de ser aceptado en la caravana.

Sé que ahora dispones de una magnífica caja de herramientas llena de utensilios, pero eso no es suficiente, hay que saber emplear cada uno de ellos de forma precisa. Un destornillador sirve para apretar y aflojar tornillos —eso lo sabe todo el mundo—, pero no es lo mismo un destornillador de estrella que otro plano, uno de un calibre que el de otro. Si se emplea el inadecuado, casi con completa seguridad el tornillo terminará por desbocarse, y entonces ya no lo podrás usar.

Solo me queda, amigo (o amiga) lector, decirte que el contenido de este libro es fruto de la experiencia, que como cualquier otra persona yo también me pregunté un día ¿qué es la vida? ¿Qué sentido tiene la vida? Las respuestas me fueron llegando con el tiempo y una ardua búsqueda cargada de disciplina, sacrificio y paciencia, y gracias a los Maestros que me permitieron aprender su lado a pesar de mí mismo. Pero al final, ese esfuerzo mereció la pena, nada de lo que hice para alcanzar esta experiencia fue en balde.

Si crees que lo aquí expuesto te puede servir algo de úsalo. Si crees que necesitas más y estás dispuesto a trabajar en ti, da el paso. Si en cambio consideras que todo esto no va contigo, pásale el libro a alguien que le pueda ser útil, y si no, déjalo en un banco de la calle o del parque, seguro que quien lo recoja sabrá sacarle partido.

Quiero que te cuides, porque la próxima vez que te vea, quiero hablarte *a ti,* no *sobre ti.* Y cuando ya no tenga que hablarte a ti, quiero hablar sobre ti para la edificación de otros.

Idries Shah, *Reflexiones*

Gracias, y que una Estrella te guíe.

BIBLIOGRAFÍA

- *Diálogos*, Platón, Trad. Carlos García Gual, Austral.
- *El despertar del "self"*, C. Tart, Kairós
- *El hombre en busca del sentido último*, Viktor Frankl, Paidós
- *El proyecto Atman*, Ken Wilber, Kairós
- *El sufismo como terapia*, Omar Alí Shah, Editorial Sufí
- *El yo dominante*, Idrie Shah, Kairós
- *Eneagrama y PNL*, Salvador A. Carrión, GAIA
- *Fihi-ma-fihi*, Rumi, Editorial del Peregrino, Argentina
- *Fluir*, Mihaly Csikszentmihalyi, Kairós
- *Fragmentos de una enseñanza desconocida*, P.D. Ouspensky, Hachette, Argentina
- *La esencia de Rumi*, ColemanBarks, Obelisco
- *La evolución de la conciencia, Robert* Orstein, EMECE
- *La estructura neurolingüística de las emociones*, Salvador A. Carrión, PNLbooks Ediciones
- *Las enseñanzas de don Juan*, Carlos Castaneda, Fondo de Cultura Económica, México
- *Las hazañas del Mulá Nasrudín*, Idries Shah, Paidós
- *Los maestros de Gourdjieff*, Rafael Lefort, Editorial Sufí
- *Los sufís*, Idrie Shah, Editorial Luís Caral
- *Los valores*, Bernabé Tierno, Taller de Editores
- *Mathnawi*, Rumi, Editorial Sufí
- *Más allá del ego*, Maslow, Grof, y otros, Kairós
- *Moral, a Nicómaco, Aristóteles, Trad. Luís Castro, Austral*
- *Metafísica*, Aristóteles, Miguel Candel, Austral
- *Teoría y crítica de la razón. Kant y Ortega y Gasset. Obras IV*, Rábade Romeo, Sergio. Editorial Trotta.
- *Tretium Organum*, P.D. Ouspensky, Kier, Argentina
- *Pasos hacia una ecología de la mente*, Gregory Bateson, Planeta-Carlos Lohle, B.A. Argentina

- *Personalidad y niveles superiores de conciencia,* A. Blay, Ediciones Índigo
- *Psicología de la posible evolución del hombre*, P.D. Ouspensky, Hachette, Argentina
- *Psicología de la conciencia,* Robert Orstein, Edaf
- *Relatos de Belcebú a su nieto,* George I. Gurdjieff, Hachette, Argentina
- *Relatos de poder*, Carlos Castaneda, Fondo de Cultura Económica, México
- *Teoría y terapia de las neurosis*, Viktor Frankl, Paidós
- *The estructure of personality,* L. Michael Hall y otros, Crown House Publishing
- *Un nuevo modelo del Universo*, P.D. Ouspensky, Kier, Argentina
- *Una realidad aparte*, Carlos Castaneda, Fondo de Cultura Económica, México
- *Viaje a Itxlan*, Carlos Castaneda, Fondo de Cultura Económica, México
- El resto de los libros citados en las notas los puedes encontrar en http://iberlibro.com

NOTAS

1 Idries Shah (1924-1996), uno de los más grandes maestros de la Tradición de los últimos años. Su labor como tal se centró en difundir el sufismo a través de sus libros y conferencias públicas.

2 Louis Pauwels (1920-1997), fue un periodista y escritor francés, de origen belga. En 1948, se unió a los grupos de trabajo de Gurdjieff (véase nota 7). Pauwels conoció a Jacques Bergier en 1954, gracias a la cual escribieron en 1960 *El retorno de los brujos, El planeta de las posibilidades imposibles*, y la inconclusa *El Hombre Eterno*. Conjuntamente a los que se añadió François Richaudeau, fundaron la revista *Planète*, de gran prestigio y relevancia en campo esotérico y parapsicológico de la época.

3 Jacques Bergier (1912-1978), ingeniero químico, alquimista, espía, periodista y escritor francés de origen ruso. Es autor de obras como además de ser coautor junto a Louis Pauwels de *El retorno de los brujos, El planeta de las posibilidades imposibles*, y, *El Hombre Eterno*, escribió además libros como: *Guerra Secreta bajo los Océanos, Extraterrestres en la Historia, La Guerra Secreta del Petróleo*, y, el *Libro de los condenados*, entre otras muchas.

4 Helena Blavatsky (1831-1891), fue una escritora, ocultista y teósofa rusa. Fue también una de las fundadoras de la Sociedad Teosófica y contribuyó a la difusión de la Teosofía moderna. Sus libros más importantes son *Isis sin velo* y *La Doctrina Secreta*.

5 Pierre Teilhard de Chardin (1881-1955), fue un religioso de la orden jesuita, paleontólogo y filósofo francés que aportó una muy personal y original visión de la evolución. Su concepción de la evolución, basada en cierto modo en

la ortogénesis, equidista inestablemente entre la ortodoxia religiosa y la científica, lo que propició que fuese atacado por la una e ignorado por la otra. La Ortogénesis, evolución ortogenética, evolución progresiva o autogénesis, es una hipótesis biológica según la cual la vida tiene una tendencia innata a evolucionar de un modo unilineal debido a alguna «fuerza directriz» o «Principio Ordenante», ya sea endógeno o exógeno. La hipótesis tiene bases filosóficas de esencialismo, finalismo, y de teología, y propone una fuerza intrínseca que lentamente transforma las especies. El término ortogénesis fue popularizado por Theodor Eimer, aunque la idea que el término refleja se puede remontar a tiempos de Gregory Bateson.

6 Sir Arthur Charles Clarke, escritor y científico británico (1917-2008). Autor de obras de divulgación científica y de ciencia ficción, como *2001: Una odisea del espacio, El centinela* o *Cita en Rama*.

7 Gustav Meyrink, narrador austríaco (1868-1932), su obra más conocida *El Golem*, Meyrink ofrece una visión simbólica de las potencias ocultas que anida en el inconsciente de todos los hombres. Sus textos están escritos desde una perspectiva simbólica y esotérica, con influencias de la alquimia, la cábala, el budismo, el taoísmo y la masonería. Cabe destacar su aportación al trabajo con los sueños que él concibe como puerta a otra dimensión de lo real.

8 George Gurdjieff (1872?-1949), fue un maestro espiritual, filósofo, escritor y compositor. Su principal obra fue dar a conocer y transmitir las enseñanzas del Cuarto Camino en el mundo occidental. Sus planteamientos constituyen un conjunto de ideas interrelacionadas muy innovadoras, que tienen el objetivo de producir la evolución consciente en el hombre. Gurdjieff sostuvo que existen tres caminos principales para llegar a desarrollar los poderes latentes del hombre: el camino del faquir, el camino del monje y el camino del yogui, cada uno de los cuales requiere que el candidato abandone el mundo para poder

hollar el sendero luminoso. Gurdjieff asegura que todos los demás caminos artificiales que existen en Occidente no conducen a nada ni llevan a ninguna parte, y de no ser porque existe un Cuarto Camino, la gente de Occidente no tendría la menor oportunidad para desarrollarse internamente. Las escuelas de Cuarto Camino ofrecen al buen padre de familia la oportunidad de un desarrollo interno en los aspectos, físico, intelectual y emocional, en el mismo ambiente cotidiano en que vive. Bibliografía: *La vida es real solo cuando Yo Soy, Perspectivas desde el mundo real, Relatos de Belcebú a su nieto, Encuentros con hombres notables: del Todo y de Todo, El mensajero del bien venidero.*

9 Piotr Demiánovich Ouspenski (1878-1947), filósofo, médico y escritor ruso con orientación mística. Discípulo y codesarrollador del Cuarto Camino, Ouspenski ya era un conocido escritor antes de encontrarse con su maestro. En 1909 había publicado *La cuarta dimensión*, y en 1912 *Tertium organum*, en el que retomaba las conclusiones acerca de la cuarta dimensión, agregándole tanto la relación entre ésta y la consciencia, así como ideas sobre otras disciplinas como la biología. En 1918 Ouspenski se separó de la línea de trabajo de Gurdjieff, aunque más tarde trabajaron juntos por breves periodos. El distanciamiento definitivo se produjo en 1924. Seguramente la obra por la que más se le recuerda es *Fragmentos de una enseñanza desconocida*, en la que relata su proceso de desarrollo dentro de la Escuela del Cuarto Camino, así como de su maestro, hasta el momento en el que se distanció finalmente de éste. Este libro ofrece una idea básica acerca de sus temas principales: la Observación de sí, la Consciencia de Sí, las Octavas, la Ley de Tres, la Tabla de Hidrógenos, el Eneagrama del Cuarto Camino, etc.

10 Tradición perenne, o filosofía perenne, sugiere la existencia de un conjunto universal de verdades y valores comunes a todos los pueblos y culturas. El término fue usado en primer lugar en el siglo XVI por Agostino Steuco en su

libro titulado: *De perenni philosophia*. La filosofía perenne está presente en las escuelas del Cuarto Camino y en el sufismo. Este término fue popularizado de forma más reciente por Aldous Huxley en su libro *La Filosofía Perenne*. La existencia de una filosofía perenne es el principio fundamental del tradicionalismo, formalizado en los escritos de los pensadores del siglo XX René Guénon, Frithjof Schuon, y el escritor indio Ananda Coomaraswamy.

11 La doctrina *advaita* parte del principio de la Unicidad. La existencia de un ser unido a la totalidad de seres existentes, hasta tal punto que no puede hablarse de relación entre los distintos seres, sino de unidad total. Es la unión entre el que percibe y lo percibido, entre el objeto y el sujeto. La falsa apariencia de ser múltiple lo que en realidad es uno, es debido a la función mental de conceptualizar, que consiste en definir y para ello dividir en partes lo que no está dividido. Así, cuando la mente abandona el proceso de conceptualización, la realidad de ser uno se revela, sin dejar dudas, como un hecho puramente objetivo. Ante la pregunta fundamental de ¿quién soy yo?, en el *advaita*, la respuesta es la no conceptualización. Adi Shankara y Ramana Maharshi, son los principales referentes del pensamiento *advaita*.

12 Bahaudin Nashband (1318-?) Fundador de la orden sufí Nashbandi. Considerado uno de los más importantes santos, su tumba en Bujara es uno de los centros de peregrinación más significativos del sufismo y del Islam.

13 Yalaludin Muhammad Rumi, *Mathnawi*.

14 Ulises (u Odiseo), es uno de los protagonistas de la *Ilíada* y el personaje central que da nombre a la *Odisea*, amabas obras atribuidas a Homero. Según estas epopeyas, era esposo de Penélope, padre de Telémaco y hermano de Ctímene, que sufrieron esperando su regreso durante veinte años. De esos veinte años, diez los pasó luchando en la guerra de Troya, y los otros diez viviendo las trágicas aventuras acaecidas durante su travesía para regresar a Ítaca, su país de origen.

15 Paul Éluard es el seudónimo de Eugène Grindel (1895-1952), poeta francés del dadaísmo y surrealismo.

16 Piotr Demiánovich Ouspenski (1878-1947), medico, filósofo y escritor ruso con orientación mística. Discípulo y continuador de enseñanzas de George Gurdjieff, y del Cuarto Camino, siendo uno de los principales difusores del mismo en Occidente.

17 El profesor Robert Ornstein es uno de los más destacados investigadores de la mente. Presidente del Instituto para el Conocimiento Humano, y profesor del Centro Médico de la Universidad de California.

18 El hombre de Neandertal (*Homo neanderthalensis*) especie extinta del género Homo que habitó Europa y partes de Asia occidental desde hace 230.000 hasta 28.000 años atrás, durante el Pleistoceno medio y superior y culturalmente integrada en el Paleolítico medio.

19 Relativas a Charles Robert Darwin (1809–1882), naturalista inglés que postuló que todas las especies de seres vivos han evolucionado con el tiempo a partir de un antepasado común mediante un proceso denominado selección natural.

20 Robert Ornstein, *La evolución de la conciencia*. Ed. EMECE. Pág. 273.

21 Guillermo Hamilton (1788-1856). Filósofo nacido en Edimburgo, donde ejerció como profesor desde 1821. Pertenece a la escuela del idealismo trascendental y trató de fundamentar no sólo el origen del conocimiento, sino también su validez en la experiencia a través de una elaboración fenomenológica, que incluyese la conciencia, rechazando el constructivismo postkantiano. En este intento de sintetizar la escuela escocesa con las corrientes filosóficas europeas acuñó la expresión de «Filosofía de lo condicionado», que recogía un sistema por el cual se separaban por un lado las creencias y por otro el conocimiento.

22 La gnoseología (del griego γνωσις, gnosis, «conocimiento» y λόγος, logos, «razonamiento»), también llamada

teoría del conocimiento, es una rama de la filosofía que estudia la naturaleza, el origen y el alcance del conocimiento. La gnoseología estudia el conocimiento en general, el conocer cómo conocemos, no los conocimientos particulares, como pueden ser el conocimiento de la física, de la matemática o el de los objetos de nuestros alrededores inmediatos.
Es obvio que otras disciplinas también se ocupan del conocimiento, pero desde otros puntos de vista. La ontología, por ejemplo, a su vez, también se ocupa de gnoseología, pero atendiendo al objeto, a la naturaleza de los objetos del conocer, a su clasificación en reales o ideales.

23 Helena P. Blavatsky, *La Babel del pensamiento moderno*, Artículo publicado en 1891

24 Mihály Csíkszentmihályi (1934), profesor de psicología en la Universidad de Claremont (California) Ha destacado por su trabajo acerca de la idea de «flujo». Es considerado como el más importante investigador del mundo en el tema de la psicología positiva. Es uno de los psicólogos más citados hoy en día en campos diversos de la psicología y los negocios.

25 Abraham Harold Maslow (1908-1970), psicólogo estadounidense conocido como uno de los fundadores y principales exponentes de la psicología humanista. Considerado por algunos como pionero de la psicología transpersonal. El desarrollo teórico más conocido de Maslow es la pirámide de las necesidades, modelo que plantea una jerarquía de las necesidades humanas.

26 San Juan de la Cruz: *Cántico espiritual*, 14-15, 25

27 Nasrudín, es un personaje mítico de la tradición popular sufí, una especie sabio loco, cuyas historias sirven de enseñanza entre los derviches. Se supone que vivió en Asia Menor (actual Turquía) en una época indeterminada entre los siglos XIII y XV.

28 Idries Shah: *Las hazañas del Mulá Nasrudín*, Paidos.

29 Perogrullo, es un personaje cómico, producto de la imaginación popular. Es conocido por ser un famoso expositor

de perogrulladas. La perogrullada es una tautología retórica que pretende ser una explicación, y esa explicación es evidentemente redundante sin aportar más conocimiento. Podríamos decir que una perogrullada es una cosa evidente hasta para un tonto. Por ejemplo: «Cuando te sientes solo es que no hay nadie.» «Diez huevos no hacen una docena.» «Si no te quieres mojar los pies no los metas en el agua.»

30 Yalaludín Rumi, Jalaludín Rumi o Yalal-ad-Din Muhammad Rumí, conocido como «*Mawlana*», religioso, místico, poeta y filósofo musulmán persa (1207-1273). Sus enseñanzas y escritos han influido no solo en pensamiento oriental, sino también en el occidental. Fundador de la Orden Mevlevi, conocida mundialmente por sus derviches giróvagos. Mewlana Rumi, es considerado como uno de los grandes santos que trasciende lo puramente nacional, religioso y étnico. Su tumba se encuentra en Konia, y su mausoleo es visitado por millones de peregrinos del mundo entero todos los años. Sus obras más conocidas son el *Matnawi, Fihi-ma-Fihi*, y el *Diwan de Shanz de Tabriz.*

31 P.D. Ouspensky: *Psicología de la posible evolución del hombre*, Hachette

32 Juan de Yepes Álvarez, fray Juan de Santo Matías o San Juan de la Cruz (1542–1591), religioso carmelita, místico y poeta. Fue preceptor de Santa Teresa de Ávila. Sus obras más importantes son: *Noche oscura, Cántico espiritual, Llama de amor, y, Subida al monte Carmelo.*

33 Hakim Sanai (¿-1150), poeta místico. Se sabe muy poco de la vida y obra de este Maestro. Cabe señalar su magnífico y único poema de 12.000 versos *Hadiqat'ul-Haqiqat (El Jardín amurallado de la Verdad)*, como una composición de extraordinaria belleza y sentido trascendente.

«Difícilmente pueda encontrarse un maestro más mordaz que Hakim Sanai, quien incesantemente bombardea a su auditorio con toda clase de epítetos poco halagadores: «inconsciente, idiota, estúpido, burro, etc.» El ofenderse por su lenguaje no hace más que justificarlo. Sanai no insulta gratuitamente, trata, más bien, de arrancarnos de la complaciente ansia de adulación que estamos, habitual e inconscientemente, acostumbrados a ver satisfecha por los escritores en general.» (Del Prólogo de la edición de Technipress S.A., 1985)

34 Albert Einstein (1879–1955). Físico y humanista, considerado como el científico más importante del siglo XX. Padre de la Teoría de la Relatividad y de la del Campo Unificado.
En los escritos de Einstein podemos encontrar su tesis sobre los tres estilos en la práctica de la religión. El primero está basado en el miedo y la ignorancia, que tiende a inventar seres sobrenaturales, dando un fundamento antropomórfico a la divinidad. El segundo, es el que se sustenta sobre la base social, moral y emocional, que proyecta deseos de protección y amor. El tercero está motivado por un profundo sentido de asombro ante la creación y el misterio que encierra, así como un genuino interés de búsqueda de respuestas.

35 Robert Ornstein, *Psicología de la consciencia*, EDAF (1993), pág.67

36 Anaxágoras (500-428 a. C.), filósofo presocrático que introdujo la noción de *nous* (νοῦς, mente o pensamiento) como elemento fundamental de su concepción física. Su pensamiento quedó plasmado en su obra *Peri physeos*, del que solo quedan algunos fragmentos. Fue el primero en explicar que la pluralidad de formas se debe a las diferentes combinaciones de las *spermatas* («semillas») —las partículas elementales—.

37 Antonio Salguero (1953), investigador argentino, autor del libro *Teoría de la mente: versión patagónica*, Autoedición 2009.

38 Op. cit., pág. 16

39 Philip P. Schnarr, *Una Mente Receptiva*, Carmel New Church, 2005

40 Robert Ornstein, Óp. cit. Pág. 67
41 Discípulo de Ammonio de Hermia en Alejandría, integrante de la escuela neoplatónica de Atenas hasta su disolución, ordenada por Justiniano I, en sus edictos contra el paganismo, en el 529.
42 Simplicio, Física 164, 24 y 156, 13 (Kirk y Raven, *Los Filósofos Presocráticos*, Editorial Gredos)
43 Nicolás Abbagnano, *Diccionario de Filosofía*, pág. 196, Fondo de Cultura Económica.
44 Deepak Chopra (1946). Médico endocrino oncólogo. Conferenciante y prolífico escritor, su obra trata sobre la curación cuántica y la espiritualidad. Seguidor de las enseñanzas *ayurvedicas*.
45 Roger N. Walsh, Frances Vaughan: *¿Qué es persona? Más allá del ego*, Kairós, pág. 75
46 William James (1842-1910), filósofo y eminente profesor de psicología en la Universidad Harvard. Sus obras más significativas son: *La voluntad de creer, La variedad de las experiencia religiosa, El universo pluralista: Filosofía de la experiencia, y, Pragmatismo: un nuevo nombre para viejas formas de pensar.*
47 William James, El flujo de la conciencia, del libro de R. Ornstein ya citado, pág. 68
48 W. James, *The principles of psychology*, N.Y. Dover
49 Utilizando términos militares: pelotón, regimiento, batallón, etc. Ouspensky, Goudjeff, y más recientemente Robert Orstein hicieron referencia previa a la mente fragmentada, Ornstein cita «el pelotón de los simples» en su libro: *La evolución de la conciencia*, editorial EMECE, Barcelona 1994.
50 Erwin Rudolf Josef Alexander Schrödinger (1887-1961), físico austríaco que realizó importantes contribuciones en los campos de la mecánica cuántica y la termodinámica. En 1933 recibió el Premio Nobel de Física. En su libro ¿Qué es la vida? Aborda el tema de la neguentropía, la tendencia natural de un sistema a mo-

dificarse según su estructura y establecerse en los niveles que poseen los subsistemas dentro del mismo.

51 André Maurois es el seudónimo de Émile Herzog (1885-1967), novelista, ensayista, biógrafo y crítico francés.

52 El Dr. Agustín de la Herrán Gascón es profesor titular del Departamento de Didáctica y Teoría de la Educación de la Facultad de Formación de Profesorado y Educación de la Universidad Autónoma de Madrid.

53 *La conciencia humana. Hacia una educación transpersonal.* San Pablo. Madrid, 1998.

54 En esta fase podemos considerar tres niveles: REM que es la fase en la que somos capaces de tener visualizaciones claras, y es en la que se producen la mayoría de los recuerdos oníricos; *Alfa medio* en el que pueden surgir las alucinaciones, y se presentan las ensoñaciones de alta intensidad emocional; y, *Alfa profundo.*

55 Agustín de la Herrán, Op.cit.

56 La palabra hipnogógica (o hipnagógico) expresa una situación de tránsito entre la vigilia y el sueño. Herbert Silberer (1822-1923) escribió un libro sobre la relación entre la psicología moderna, el misticismo y las tradiciones esotéricas (sobre todo occidentales, cristianas como el hermetismo, la alquimia, la rosacruz y la francmasonería): *Probleme der Mystik und ihrer Symbolik (Problemas de la mística y su simbolismo).* La argumentación de Silberer era que el estado hipnagógico es autosimbólico, lo que significa que las imágenes y los símbolos percibidos en el estado hipnagógico son representativos del estado físico o mental del perceptor. Llegó a la conclusión de que dos elementos antagónicos eran necesarios para que se manifestara el fenómeno autosimbólico: somnolencia y un esfuerzo por pensar.

57 Carl Gustav Jung (1875-1961), nacido en Suiza. Médico psiquiatra, psicólogo y ensayista. Junto a Freud participó en el desarrollo inicial del psicoanálisis. Separado del primero, fundó la escuela de psicología analítica o psicología

profunda en la que incorporó en su metodología principios procedentes de la antropología, la alquimia, los sueños, el arte, la mitología, la religión y la filosofía. Escribió una prolífica obra.

58 Michael Washburn es profesor de filosofía en la Universidad de Indiana en South Bend. Imparte cursos en la historia de la filosofía, la filosofía asiática, el existencialismo y la psicología de la experiencia religiosa. Autor de *Psicología Transpersonal en una perspectiva psicoanalítica, y, El ego y el fundamento dinámico.*

59 Stanislav Grof (1931) es uno de los fundadores de la psicología transpersonal e investigador pionero en el uso de los estados alterados de conciencia con el propósito de sanación, crecimiento e introspección. Presidente fundador de la Asociación Transpersonal Internacional y miembro de honor del Instituto de Estudios Integrales de California. Escritor con una amplia obra a sus espaldas: *Cuando ocurre lo imposible: aventuras en realidades no ordinarias, El viaje definitivo: la consciencia y el misterio de la muerte, La tormentosa búsqueda del ser: una guía para el crecimiento personal a través de la emergencia espiritual, La revolución de la conciencia, El juego cósmico: exploraciones en las fronteras de la conciencia humana, Psicología transpersonal: nacimiento, muerte y trascendencia en psicoterapia, La mente holotrópica: los niveles de la conciencia humana.*

60 Inicialmente se denominó Filocalia a una selección de textos de Orígenes (uno de los Padres de la Iglesia) compilados por san Basilio Magno y Gregorio Nacianzeno. Sin embargo, actualmente, la «Filocalia» más divulgada es una recopilación de escrituras cristianas orientales con textos que van desde los Padres del Desierto y la patrística en el siglo IV hasta obras de Gregorio Palamás y otros autores bizantinos del siglo XIV.

61 El gnosticismo es un conjunto de corrientes sincréticas filosófico-religiosas que se integraron con el cristianismo en los tres primeros siglos de nuestra era. En el siglo IV

fue declarado pensamiento herético por la Iglesia. Puede hablarse de un gnosticismo pagano y de un gnosticismo cristiano, aunque el más significativo de ellos fue el que se alcanzó como rama heterodoxa del cristianismo primitivo. Hoy aun existen ciertas corrientes tanto dentro como fuera de la iglesia que siguen de un modo u otro esta corriente de pensamiento.

62 Aquellos que siguen la Vía del Misticismo Sufí. Hay quienes catalogan el sufismo como exclusivamente dentro del Islam, cuando en realidad el sufismo como no tiene religión y las tiene todas. Un sufí es un hombre que ha alcanzado el más alto grado posible en la evolución humana, es el llamado *Ishan il Kamil* (El hombre perfecto). Para quienes no han llegado a tal estación existen una serie de términos para definirlos como *mutasawwif* (quien aspira a ser sufí), *salik* (buscador), *murid* (discípulo). En la mayoría de los casos, se equipara con el nombre de derviche a todo aquel que sigue esta Vía, reservando el término sufí, dentro de la jerarquía iniciática, para quienes han llegado al más alto grado. En estos casos sufí se considera que es el santo o *wali* (plural *awliya*) por excelencia, aunque dentro de esta denominación algunos distinguen una jerarquía que es encabezada por el polo o *qutb*, los asistentes o *awtad*, los ayudantes o *abdal*, los solitarios o *afrad* y otro sinfín de grados o estaciones, tal y como explican las obras hagiográficas como *Los cien pasos* del Shayj Abdalqadir As-Sufi Al-Murabit.

63 El budismo es una religión no teísta, basada casi exclusivamente en principios filosóficos. El budismo existe una iglesia jerarquizada. Sus principios y cánones se basan en los textos sagrados: los *Sutras*, y sus interpretaciones, comentarios y análisis en los que han contribuido maestros y personajes a lo largo de la historia desde su fundación.

64 La etimología de la palabra «chamán» significando «uno que sabe». El chamán es un hombre de conocimiento, una persona experta en mantener juntos los múltiples có-

digos (realidades) y trabajar con ellos para conseguir de sus discípulos un desarrollo superior de la conciencia. En el chamanismo, práctica seguida por aquellos discípulos de un chamán, se utilizan diferentes medios como herramientas: *rol-play*, situaciones críticas, música, danza, expresión pictórica, metáforas, viajes, etc.

65 Ken Wilber (1949). Bioquímico y biofísico, pero por encima de todo filósofo. Practicante de distintas técnicas budistas de meditación e influenciado por Nāgārjuna. Su trabajo se centra principalmente en distintos estudios sobre la evolución del ser humano y en su interés por promover una integración de la ciencia y la religión, según experiencias de meditadores y místicos, analizando los elementos comunes a las tradiciones místicas de oriente y occidente. En su obra articula distintos aspectos de la psicoterapia y la espiritualidad. Tiene escritas más de 20 libros, entre los que cabe destacar: *La conciencia sin fronteras. Aproximaciones de Oriente y Occidente al crecimiento personal; Cuestiones cuánticas. Escritos místicos de los físicos más famosos del mundo; El proyecto Atman. Una visión transpersonal del desarrollo humano; Sexo, ecología y espiritualidad. El alma de la evolución; Espiritualidad integral. El nuevo papel de la religión en el mundo actual, y, La visión integral. Introducción al revolucionario enfoque sobre la vida, Dios y el Universo.*

66 También conocido en España como Algazel (1058-1111) teólogo, jurista, filósofo, psicólogo y místico de origen persa. Este maestro sufí sirvió como transmisor del pensamiento y escritos de Aristóteles. Sus obras principales son: *La destrucción de los filósofos, Revivificación de las ciencias religiosas, y, La liberación del error*, donde expone su itinerario espiritual.

67 Nacido en 1930. Fundador de la *tariqa* (Orden) Murabitum surgidora de la Darqawy.

68 Las estaciones son: *Tasawwuf* (Camino Real), *Tawba* (Apartarse de la acción Incorrecta), *'Ubudiyya* (Obe-

diencia), *Jawf* (Temor), *Mawqif* (Detención), *At-Tawali* (Esplendores), *Yam 'Al.Yam* (Reunión de la reunión), *Ghuzla* (Retiro), *Baqa'* (Continuidad), *Talwin* (Transformación), *Kamal* (Perfecto).

69 Carlos César Salvador Aranha Castaneda (1935-1998) de origen peruano o brasileño. Antropólogo adscrito a la Universidad de California. Escribió una precisa obra sobre su entrenamiento en la tradición mesoamericana seguida bajo los auspicios de un chamán nagual llamado Juan Matus. Sus principales libros son: *Las enseñanzas de don Juan, Relatos de poder, Viaje a Itxlan, Una realidad aparte, El conocimiento silencioso, El fuego interno.*

70 Carlos Castaneda: *Las enseñanzas de don Juan*, Fondo de Cultura Económica, México, 1974, págs. 108 y siguientes.

71 Stanley Krippner , Ph.D., profesor de psicología en Saybrook Universidad, San Francisco fue director del Kent State University Child Study Center, OH Kent, y del Centro Médico Maimonides de Laboratorio de Investigación de Sueño, en Brooklyn, NY . Autor de *El lenguaje de la noche*, co-autor de *La experiencia mística, Healing Stories, The Psychological Impact of War on Civilians: An International Perspective, Varieties of Anomalous Experience: Examining the Scientific Evidence*, entre otros muchos.

72 La clasificación y numeración no guarda un orden o jerarquía de la conciencia.

73 El *vudú* es una religión mágico-animista de las más antiguas del mundo. Aunque la que se practica en la actualidad se originó a partir de las creencias que poseían de los esclavos que llegaron a América desde el África Occidental cuando entraron en contacto con la religión católica. Se practica principalmente en toda el área del Caribe. El *umbanda* es una derivación del *vudú*, surgida en Río de Janeiro en el siglo XIX, con componentes desvirtuado y mezclado con hechicería, provenientes de Portugal. El *candomblé* aunque con una raíz común, no debe ser confundido con el *umbanda* y *macumba*, ni con otras religio-

nes afroderivadas como el *vudú* haitiano, la santería cubana y el *obeah*, las cuales surgieron independientemente del *candomblé* y son virtualmente desconocidas en Brasil.

74 *Rebirthing* (Renacimiento) es una técnica de crecimiento personal y de psicoterapia alternativa, desarrollada por Leonard Orr en Estados Unidos a finales de la década de 1960-70. Esta técnica se basa en ejercicios físicos de respiración consciente conectada (sin pausa) a la que se le añada un componente de pensamiento positivo.

75 También llamada «La oración de Jesús», es una técnica cristiana ortodoxa de oración típica de la escuela del hesicasmo y perfeccionada por los maestros rusos. Consiste en repeticiones de frases evangélicas o letanías. Las dicciones más comunes suelen ser: «Señor, ten misericordia de mí», «Señor Jesucristo, Hijo de Dios, ten misericordia de mí, pecador», o «Señor Jesucristo, Hijo de Dios, ten misericordia de mí». Con frecuencia se hace con la ayuda del cordón de oración. También se puede acompañar la oración con postraciones y con la señal de la cruz. Siguiendo las instrucciones dadas por San Pablo en la Primera Epístola a los Tesalonicenses (5:17): «Orad constantemente», en los monásticos ortodoxos cristianos la usan cientos de veces cada noche como parte de su disciplina hasta que se haga parte del monje como su respiración.

76 Aldous Leonard Huxley (1894–1963) Considerado como un líder del pensamiento moderno. Escritor de un saber enciclopédico, de ingenio incisivo y pensamiento abierto, además de interesarse profundamente por el misticismo, también lo estaba por el devenir de la humanidad: la paz, la ciencia, la ecología y la evolución del hombre. Uno de sus libros más difundidos es *La isla*, de gran influencia en el movimiento *hippy*.

77 *Lankavatara Sutra* o Sutra del descenso de Buda a Sri Lanka. La doctrina del *Lankavatara Sutra* es la primacía de la conciencia y gira en torno al concepto de *Cittamatra* («El espíritu por sí solo», o, «Todo es tan sólo su espí-

ritu»), lo que significa que la conciencia es la única realidad. El Sutra afirma que todos los objetos del mundo, y los nombres y las formas de experiencia, no son más que manifestaciones de la mente, siendo erróneo el concepto de sujeto-objeto que nos ata a la rueda de renacimiento.

78 Santa Teresa de Jesús o Santa Teresa de Ávila (1515–1582), religiosa, doctora de la Iglesia Católica, mística y escritora, fundadora de la Orden de las Carmelitas Descalzas, rama femenina de la Orden de Nuestra Señora del Monte Carmelo (o carmelitas).

79 Dionisio Areopagita (siglo I) fue un discípulo de San Pablo, que llegó a ser obispo de Atenas. En el siglo VI se publicaron una serie de escritos de naturaleza mística y estilo neoplatónico, que fueron atribuidos a Dionisio Areopagita. Estudios posteriores demostraron que esto no era así, sino que pertenecían a un autor bizantino desconocido, al que a falta de mejor nombre, se llamó Pseudo Dionisio Areopagita.

80 San Juan de la Cruz, POESÍA, *Toda sciencia trascendiendo*, Edición de José Jiménez Lozano, Taurus Ediciones SA, Madrid (1982)

81 Ludwig Andreas Feuerbach, *La esencia del Cristianismo*, pág. 54, Ed. Claridad.

82 Gottfried Wilhelm Leibniz (1646-1716) filósofo, matemático, jurista, bibliotecario y político alemán. Uno de los grandes pensadores del siglo XVII y XVIII, y se le reconoce como «El último genio universal». Realizó importantes y transformadoras contribuciones en el campo de la metafísica, epistemología, lógica, filosofía de la religión, así como en matemática, física, geología, jurisprudencia e historia. Sobresalen sus obras: *De Ars combinatoria, y, Théodicée.*

83 Martin Buber es llamado filósofo del diálogo porque su filosofía se basa en la palabra, el diálogo y en especial, las relaciones entre las personas. Buber dice que la persona logra realizarse por medio de tres tipos de relación: la re-

lación con el mundo, con los hombres y con Dios. Estas relaciones tienen como base tres conceptos que hacen referencia a cada tipo de relación: Yo, Tú y Ello. El primero hace referencia a cada persona que se reconoce a sí mismo como tal, el segundo se refiere al otro u otros y al Tu Eterno o Dios y el tercero se refiere a las cosas (el mundo).

84 Philip Lersch (1898-1972) Psicólogo, catedrático de las Universidades de Dresde, Breslau y Munich. Según Lersch la personalidad está estructurada por un estrato profundo o fondo vital, un estrato afectivo, un estrato del yo empírico y un estrato superior. Esta estructura se vincula con la realidad mediante la comunicación. Asigna al psiquismo cuatro funciones que conforman el círculo funcional de vivencia: la tendencia, la percepción, el sentir y la conducta.

85 René Wellek (1903-1995) Ph.D., filólogo, profesor de crítica literaria.

86 Tomás de Aquino (1224–1274). teólogo y filósofo católico perteneciente a la Orden de Predicadores, y es el principal representante de la tradición escolástica, y fundador de la escuela tomista de teología y filosofía. Es conocido también como Doctor Angélico y Doctor Común. Su obra más importante es la *Suma Teológica*.

87 Friedrich Wilhelm Nietzsche (1844–1900), filósofo, poeta, músico y filólogo alemán. Es considerado uno de los pensadores modernos más influyentes del siglo XIX, y en cierto modo del materialismo moderno.

88 Hans Jürgen Eysenck. (1916-1997), psicólogo, especializado en el estudio de la personalidad. Sus obras más significativas: *Dimensión y personalidad, Estudio científico de la personalidad, La dinámica de la ansiedad e histeria, Las bases biológicas de la personalidad, Manual de la personalidad anormal, Raza, inteligencia y educación, Sexo y personalidad, Inteligencia y lucha de la mente.*

89 Virginia Satir (1916-1988), psicoterapeuta estadounidense, conocida especialmente por su enfoque de terapia fami-

liar. Fue uno de los terapeutas que sirvió de modelo a John Grinder y Richard Bandler para el desarrollo de la PNL. Sus libros más conocidos son: *Terapia familiar paso a paso, En Contacto Íntimo: Cómo relacionarse con uno mismo, y, Nuevas Relaciones Humanas en el Núcleo Familiar.*

90 Isabel Briggs Myers (1897-1980), psicóloga que investigó la teoría de la personalidad con su madre Katharine Cook Briggs (1875-1968). La teoría de la personalidad de Katharine está basada en los escritos de Carl Jung, y su test es uno de los más utilizados en la actualidad para la identificación de tipos.

91 Si estás interesado en este tema puedes consultar el libro *Eneagrama y PNL* de Salvador Carrión, Editorial GAIA, Madrid.

92 Julio Casares: *Diccionario ideológico de la lengua española*, GG.

93 Si deseas profundizar en el Eneagrama te recomiendo que leas *Eneagrama y PNL*, Salvador A. Carrión. Editorial GAIA.

94 Véase cap. "Niveles Lógicos" del libro *Curso de Practitioner en PNL* ya citado.

95 Santo Tomás consideró que en el caso de los seres finitos la esencia se distingue realmente de su existencia y encontró en esta circunstancia la raíz de su contingencia y finitud; sin embargo, Dios no recibe la existencia de otro ser sino de sí mismo, por lo que su existencia es necesaria y en Él no hay distinción alguna entre esencia y existencia.

96 Manuel Altolaguirre Bolín (1905 - 1959), poeta español. Obras poéticas: *Las islas invitadas, Poemas del agua, Soledades juntas, Nuevos poemas de las islas invitadas, Fin de un amor, Poemas en América. En prosa: El caballo griego.*

97 Dicho sufí.

98 Erich Fromm (1900-1980), psicoanalista, psicólogo social y filósofo de orientación humanista. Fromm influyó de sobremanera en el movimiento *New Age* de las décadas de los 70 y 80. Sus libros más importantes para conocer el

pensamiento psicoanalítico y filosófico del sabio alemán, son: *El arte de amar, El miedo a la libertad* y el segundo es *El corazón del hombre*, sin olvidarnos de *Ética y Psicoanálisis*, y, *Psicoanálisis de la sociedad contemporánea*.

99 Jiddu Krishnamurti (1895-1986), filósofo, escritor y conferenciante. Educado bajo los auspicios de la Sociedad Teosófica, y fuertemente influenciado por Helena Blavatsky y C.W. Leadbeater. Su bibliografía es tan extensa, más de 60 libros, que sería excesivo incluirla. Sus principales temas incluían la revolución psicológica, el propósito de la meditación, las relaciones humanas, la naturaleza de la mente y cómo llevar a cabo un cambio positivo en la sociedad global.

100 Krishnamurti, *A los pies del Maestro*, II.

101 Viktor Frankl del Prólogo de su libro *Man's search for meaning.*

102 *Zikr* o *dhiker*, significa repetición. Es la fórmula de recitación usada por los musulmanes, especialmente los sufís. Consiste en repetir el nombre de Dios (*Allah*), uno de sus atributos (Nombres de Dios), o frases de súplica constantemente. Comúnmente, suelen hacerlo acompañándose de un rosario de 99 cuentas (*tasbit*).

103 Henry Ford (1863–1947) fundador de la compañía Ford Motor Co., y padre de las cadenas de producción modernas utilizadas para la producción en serie. Henry Ford fue un pionero del estado de bienestar a través de la sociedad de consumo. Buscó mejorar el nivel de vida de sus trabajadores, reducir el absentismo, y mantener la fidelidad de sus operarios. La clave de su eficacia consistía en contratar y mantener a los mejores trabajadores.

104 Ramón de Campoamor y Campoosorio (1817-1901), poeta, dramaturgo y filósofo español.

105 Término significa «camino». El Taoísmo se desarrolló a partir de las enseñanzas filosóficas de Lao-Tsé. El texto fundamental es el *Dào Dé Jing (Tao Te Kin)*. Lao-Tsé, se supone que vivió durante el siglo VI a. C.

106 Los yaquis son un pueblo indígena del estado de Sonora, (México), asentados originariamente a lo largo del río Yaqui. Los huicholes, habitan el Oeste central de México en la Sierra Madre Occidental, principalmente en los estados de Jalisco, Nayarit y partes de Durango y Zacatecas. Los tarahumaras se ubican en territorio del estado de Chihuahua. Los Mochis habitan el noroeste de México, en el estado de Sinaloa.

107 Carlos Castaneda, *El don del Águila*, Editorial Swan, pág. 309.

108 Immanuel Kant (1724 – 1804), filósofo alemán de la Ilustración. Es el primero y más importante representante del idealismo y está considerado como uno de los pensadores más influyentes de la Europa moderna y de la filosofía universal.

109 *Crítica de la razón pura*, Immanuel Kant

110 Robert Orstein, La evolución de la conciencia, EMECE, pág. 171

111 Hermann Karl Hesse (1877 – 1962), escritor, poeta, novelista y pintor. Premio Nobel de Literatura en 1946. Sus obras más conocidas y divulgadas por su carácter evolutivo del ser humano son: *Demian, Siddhartha, El lobo estepario, Narciso y Goldmundo, Viaje al Oriente, y, El juego de los abalorios.*

112 Platón (428 a. C.–347 a. C.), filósofo griego, alumno de Sócrates y maestro de Aristóteles. Fue fundador de la Academia de Atenas, donde estudió este último. Platón se considera padre de gran parte del pensamiento occidental tanto filosófico como común. Entre sus obras más importantes se cuentan: *La República*, sobre filosofía política del estado ideal; *Teeteto*, un estudio sobre filosofía de la ciencia; *Fedro*, sobre teoría psicológica; y *Timeo*, un abordaje sobre cosmogonía y escatología.

113 Renato Huerta (1962) Profesor y Magíster en Filosofía, Doctor en Psicología y Educación. Programador Neurolingüístico. Autor de los libros *Metafísica de la Evolución Espiritual, Sabiduría del Amor: del amor*

erótico al Amor Divino, Sabiduría Perenne y Conciencia Transpersonal, A la Sombra del Manzano en Flor.

114 Viktor Emil Frankl, (1905 - 1997), neurólogo y psiquiatra austriaco, fundador de la Logoterapia. Entre 1942 y 1945 estuvo prisionero en los campaos de concentración nazi de Auschwitz y Dachau. Sus experiencias y el inicio de su terapia lo plasma en su obra: *El hombre en busca de sentido.*

115 Sri Aurobindo (1872 – 1950), político y luchador por la independencia de la India; gran filósofo, integrador de dos civilizaciones: oriente y occidente; poeta, vidente, maestro de yoga y de nuevos caminos de trascendencia.

116 Shankara (788-820), fue uno de los más importantes pensadores de la India. Fue el primero que consolidó la doctrina Advaita Vedanta.

117 Dicho sufí.

118 Jean-Paul Charles Aymard Sartre (1905–1980), filósofo, escritor y dramaturgo francés, exponente del existencialismo y del marxismo humanista.

119 Heráclito de Éfeso. Filósofo griego. Nació hacia el año 535 a. C. y falleció hacia el 484 a. C.

120 Lo que no es inconcebible, si admitimos la existencia de una diversidad de soportes sustanciales, no todos tan «densos» sino más sutiles que la materia percibida normalmente por medio de los sentidos.

121 *Mathnawi*, Jalaludin Rumi.

122 De la tradición sufí.

123 Jalaludin Rumi.

124 Meister Eckhart (1260 – 1328), dominico alemán, conocido por su obra como teólogo y filósofo y por sus visiones místicas.

125 Ángelus Silesius (1624 – 1677), poeta religioso germano-polaco.

126 San Pablo. Originalmente Saulo, también llamado Pablo de Tarso (5-67). Activo y ferviente apóstol y difusor de la Iglesia de Cristo, aunque no perteneció su círculo de discípulos directos.

127 Nelson Rolihlahla Mandela (1918), primer presidente de Sudáfrica elegido democráticamente. Arrestado y condenado a cadena perpetua, estuvo 27 años en la cárcel. Tras su liberación en 1990, lideró a su partido en las negociaciones para conseguir una democracia multirracial en Sudáfrica, cosa que se consiguió en 1994 con las primeras elecciones democráticas por sufragio universal. Mandela ganó las elecciones y fue presidente desde 1994 hasta 1999. En 1993 recibió el Premio Nobel de la Paz, reconociéndole así su gran labor en pro de la reconciliación entre negros y blancos en su país.

128 Beata Madre Teresa de Calcuta (1910 - 1997), monja católica albanesa que vivió durante décadas en la India. Durante 40 años ayudó a pobres, enfermos, huérfanos y moribundos des de la congregación de las Misioneras de la Caridad, que ella misma fundó.

129 Mohandas Karamchand Gandhi (1869 – 1948), abogado, pensador y político indio. Luchó por la independencia de su país los ingleses utilizando el método de huelga de hambre. En sus programas ideológicos y políticos rechazaba la lucha armada y predicaba la no-violencia y respeto a la vida como medio para resistir al dominio británico. Pregonaba la total fidelidad a los dictados de la conciencia, llegando incluso a la desobediencia civil si fuese necesario. Aconsejaba la vuelta a las tradiciones indias.

130 Martin Luther King (1929 – 1968), pastor de la iglesia bautista. Desarrolló una labor crucial en Estados Unidos al frente del Movimiento pro Derechos Civiles de los Negros y afroamericanos en general. Participó como activista en numerosas protestas contra la Guerra de Vietnam y la pobreza en general. En 1964, se convirtió en el más joven Premio Nobel de la Paz de la historia, por haber dirigido una resistencia no violenta con el objetivo de eliminar los prejuicios raciales en los Estados Unidos. El 4 de abril de 1968 fue asesinado por un segregacionista blanco. King es recordado como uno de

los mayores líderes y héroes de la historia de Estados Unidos, y en la moderna historia de la no violencia.

131 Llamémosles políticos, multinacionales, poderes fácticos en general.

132 Mientras escribo estas líneas la TV difunde la noticia del niño de tres años que muere de inanición en Ponteareas, un pueblo de Galicia, y su hermana de cinco está internada en la UCI por la misma causa. La madre carecía de medios para alimentarlos, ni el Municipio ni la Xunta ni los propios parientes y vecinos fueron capaces de socorrerles. Noticia facilitada por el Norte de Castilla, Lunes, 25 de septiembre de 2006.

133 Johann Wolfgang von Goethe (1749 – 1832), poeta, novelista, dramaturgo y científico del romanticismo. Sus ideas acerca de las plantas y los animales fueron desarrolladas por diversos naturalistas decimonónicos, entre ellos Charles Darwin. Sus obras más destacadas son: *Fausto* (drama), *La metamorfosis de las plantas* (ciencia), *Teoría de los colores* (ciencia).

134 Confucio (551 a. C-479 a. C.), filósofo chino, creador del confucianismo. La esencia de su enseñanza se resume en el cuidado de la tradición, respeto a los mayores, el estudio, la meditación y en general la buena conducta en la vida. Por parte del Estado del buen gobierno del Estado. Confucio exhorta sobre las principales virtudes, que a su entender son: el amor al prójimo la tolerancia, el respeto a los mayores y antepasados, la bondad, la benevolencia.

135 Lucio Anneo Séneca (4 a. C.- 65), filósofo estoico moralista romano nacido en Córdoba.

136 Véase: *Los Sufíes* de Idries Shah, Luis Caralt, Barcelona 1967.

137 Op. cit.

138 Víctor-Marie Hugo (1802 – 1885), escritor, dramaturgo, poeta, político, académico e intelectual francés, totalmente comprometido con la denuncia y el cambio social, la filosofía y la religión. Está considerado como uno de los más importantes pensadores en lengua francesa.

139 El Hombre de Cro-Magnon (cromañón). Considerados como los primeros hombres modernos en Europa. *Homo sapiens* que habito entre hace 40.000 y 10.000 (periodos desde el fin de la última glaciación y el comienzo del actual periodo interglacial (Mesolítico y el Neolítico). El hombre de Neandertal es una especie extinta del género Homo que habitó Europa y partes de Asia occidental desde hace 230.000 hasta 28.000 años atrás, durante el Pleistoceno medio y superior. En un periodo de aproximadamente 5.000 años se cree convivió paralelamente en los mismos territorios europeos con el Hombre de Cro-Magnon.

140 Estos traumas se pueden superar con bastante eficacia por medio de las técnicas de PNL dirigidas por un *coach* profesional y competente. Para más información sobre estas intervenciones de *coaching* puedes consultar al Instituto Español de Programación Neurolingüística. Tel. 902 15 46 02

141 Realizar una distinción precisa entre los diferentes grupos que catalogamos como de naturaleza psíquica no es tarea sencilla, por lo que es posible que se solapen o entremezclen algunos de ellos, ya que dependerán del modo de clasificación, o de la dimensión conceptual.

142 *Salat*, significa orar o bendecir. Se refiere a las cinco oraciones diarias del Islam y uno de sus pilares.

143 Morris Massey (1939) sociólogo, MBA de la Universidad de Texas y doctorado en negocios por la Louisiana State University. Hasta 1995, fecha en la que se retiró, ejerció como docente en diferentes universidades de EEUU.

144 El yin y yang es la idea fundamentada en la dualidad de todo lo existente en el universo según la filosofía oriental, especialmente del taoísmo. Se expresa el concepto de las dos fuerzas opuestas y complementarias que se encuentran en todas las cosas. En todo el universo se sigue este patrón: vida-muerte, masculino-femenino, plenitud-vacío, luz-oscuridad, sonido-silencio, etc. El yin representa el principio femenino y el yang es el principio masculino, existentes en la creación.

145 Si deseas profundizar en el significado de estos y otros más valores, véase *Los valores humanos* de Bernabé Tierno, Taller de Editores.
146 Pío Baroja y Nessi (1872 – 1956), escritor español de la llamada Generación del 98. Cultivó la narrativa, el ensayo y el teatro.
147 En PNL consideramos la enfermedad como una conducta y, por tanto, como un proceso (verbo) activo, nunca como un hecho consolidado e inamovible. Las etiquetas cosifican y, por tanto, paralizan toda acción regenerativa.
148 Viktor Emil Frankl : *Teoría y terapia de las neurosis*, Gredos.
149 Conviene advertir que la medicina alopática academicista también cataloga como depresión endógena a ciertas alteraciones orgánicas. Pero para nuestro enfoque prescindo de esta patología por no tener nada que ver con ello. Esta alteración, aparentemente, no tiene un origen externo (pérdidas, catástrofes, desengaños, etcétera) sino interno de orden biológico consecuencia, probablemente, de otras alteraciones orgánicas no psicológicas. Se trata de una respuesta fisiológica a algún proceso interno de deficiencia hormonal, proteínica o inmunitaria desconocida. Las depresiones orgánicas están relacionadas con el aspecto físico y orgánico, y pueden tener su origen en un mal funcionamiento del sistema nervioso central o en una lesión cerebral. Desde mi perspectiva, incluso diría –con permiso de la medicina alopática–, que este tipo de trastornos nada tiene que ver con la depresión, y que si lo han etiquetado como tal, es porque no han sabido cómo encasillarlos. Quede claro, que digo esto basándome en mi definición de depresión, y no desde el punto de vista clínico academicista.
150 Menos aún para profesionales académicos con fuerte formación racionalista.
151 Fray Luis de León (1527 ó 1528–1591), religioso agustino español, poeta y humanista. Uno de los escritores más importantes de la segunda mitad del Renacimiento espa-

ñol. Místico que expresa en su poesía el deseo del alma por alejarse de todo lo terrenal para poder alcanzar a Dios. Su obra es referente cristiano sobre la moral y el ascetismo.

152 Gibran Jalil Gibran (1883-1931), poeta, pintor, novelista y ensayista libanés.

153 Idries Shah: *Las hazañas del Mulá Nasrudín*, Paidos

154 Sobre las técnicas específicas aplicables, véase *Curso de Practitioner en PNL* de Salvador A. Carrión, publicados por Editorial Obelisco.

155 Ídem.

156 Véase: *La estructura neurolingüística de las emociones* de Salvador A. Carrión, PNLbooks Ediciones.

157 Existen numerosas técnicas que ayudan y facilitan el cambio de creencias, puedes encontrar un amplio surtido de ellas en el libro *Autoestima y desarrollo personal con PNL*, y *Curso de Master en PNL*, ambos de Salvador A. Carrión publicados por Editorial Obelisco.

158 José Ortega y Gasset (1883-1955), filósofo y ensayista, representante principal de la teoría del perspectivismo (o «doctrina del punto de vista» es una doctrina filosófica que sostiene que toda percepción e ideación es subjetiva, en la que el individuo mira desde un punto de vista concreto, en una dirección propia) También lo es de la razón vital e histórica (esta razón es aquella que integra todas las exigencias de la vida).

159 Véase *Pasos hacia la ecología de la mente* de Gregory Bateson, Planeta-Carlos Lohle, Buenos Aires.

160 Antoine de Saint-Exupéry (1900–1944), escritor y aviador francés, autor de *El principito*.

161 Dicho sufí.

162 Robert Orsntein, *La evolución de la conciencia*, EMECE, pág. 267.

ÍNDICE

Si estás interesado o interesada en estos temas puedes contactar con el autor por correo electrónico escribiendo a: edicionesvia@gmail.com

www.ingramcontent.com/pod-product-compliance
Lightning Source LLC
LaVergne TN
LVHW032103041026
849518LV00010B/2974